熊治祁　编

湖湘词全编

（一）

岳麓書社·长沙

湖湘文库

续编

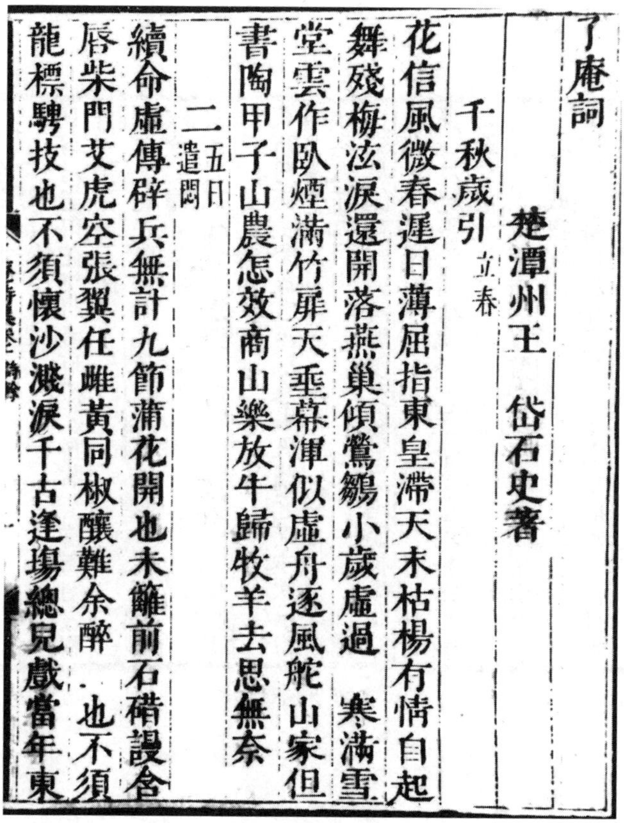

了庵詞

楚潭州王　岱石史著

千秋歲引 立春

花信風微春遲日薄屈指東皇滯天末枯楊有情自起舞殘梅泫淚還開落燕巢傾鶯鷚小歲虛過　寒滿雪堂雲作臥煙滿竹扉天垂幕渾似虛舟逐風柁山家但書陶甲子山農怎效商山樂放牛歸牧羊去思無奈

二 五日遣悶

續命盧傳辟兵無計九節蒲花開也未籬前石礑設含脣柴門艾虎空張翼任雌黃同椒釀難余醉　也不須龍標騁技也不須懷沙濺淚千古逢場總見戲當年東

乾隆十二年刻本

王岱《了庵词》（湖南图书馆藏）书影

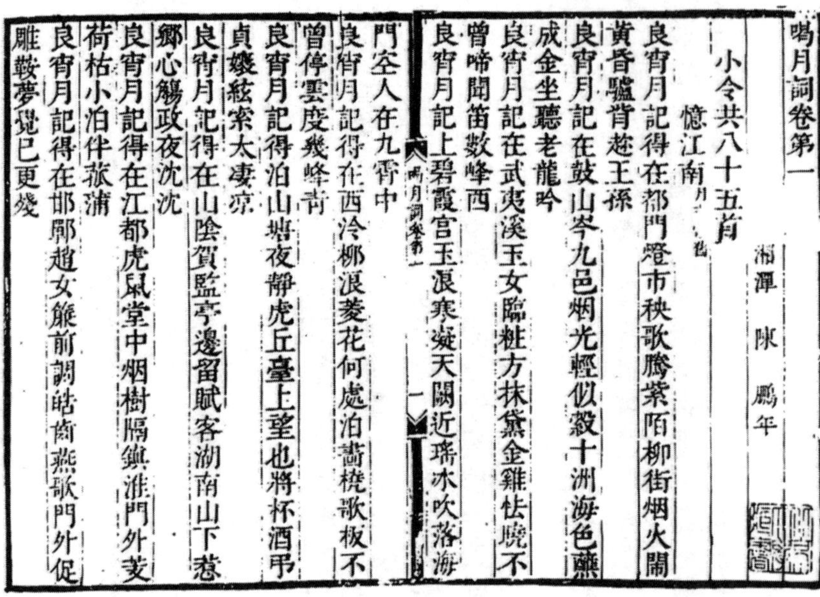

喝月詞卷第一

湘潭 陳 鵬年

小令共八十五首

憶江南 [illegible]

良宵月記得在都門燈市秧歌騰紫陌柳街烟火鬧黃昏驢背趁王孫

良宵月記在鼓山岑九邑烟光輕似縠十洲海色蘸成金坐聽老龍吟

良宵月記在武夷溪玉女臨粧方抹黛金雞怯曉不曾啼聞笛數峰西

良宵月記上碧霞宮玉浪寒凝天闕近瑤冰吹落海門空人在九霄中

喝月詞卷第一 一

良宵月記得在西泠柳浪菱花何處泊畫橈歌板不曾停雲度幾峰青

良宵月記得泊山塘夜靜虎丘臺上望也將杯酒弔貞孃絃索太淒凉

良宵月記得在山陰賀監亭邊留賦客湖南山下惹鄉心觴政夜沈沈

良宵月記得在江都虎鼠堂中烟樹隔鎮淮門外芰荷枯小泊伴菰蒲

良宵月記得在邯鄲趙女簾前調皓齒燕歌門外促雕鞍夢覺已更殘

集259－700

康熙四十五年刻本

陈鹏年《喝月词》（北京大学图书馆藏）书影

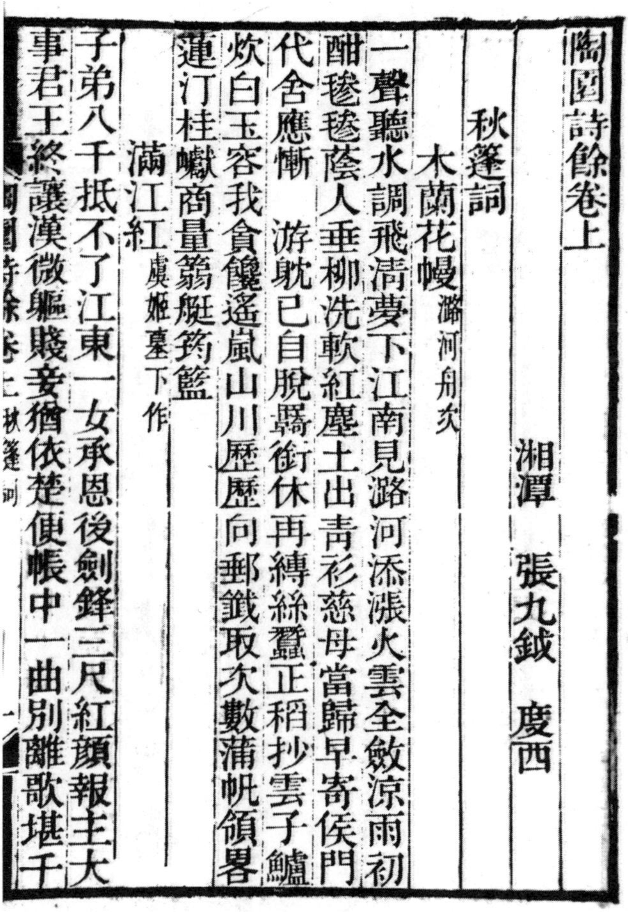

陶園詩餘卷上

湘潭 張九鉞 度西

秋篷詞

木蘭花慢 潞河舟次

一聲聽水調飛濤夢下江南見潞河添漲火雲全斂涼雨初酣毵毵蔭人垂柳洗軟紅塵土出青衫慈母當歸早寄侯門代舍應慚 游眈已自脫羈銜休再縛絲蠶正稻抄雲子鱸炊白玉容我貪饞遥嵐山川歷歷向郵籤取次數蒲帆領略蓮汀桂巘商量篛艇菂籃

滿江紅 虞姬墓下作

子弟八千抵不了江東一女承恩後劍鋒三尺紅顏報主大事君王終讓漢微軀賤妾猶依楚便帳中一曲別離歌堪千

陶園詩餘 卷上 秋篷詞 一

嘉庆二十一年长沙刻本

张九钺《陶园诗余》（湖南图书馆藏）书影

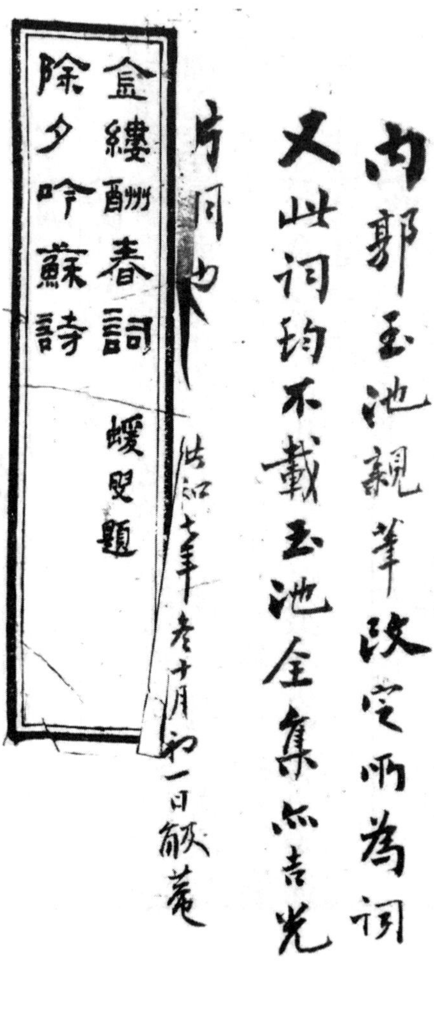

咸丰十一年刻本

罗汝怀编《金缕酬春词》（湖南图书馆藏）书影

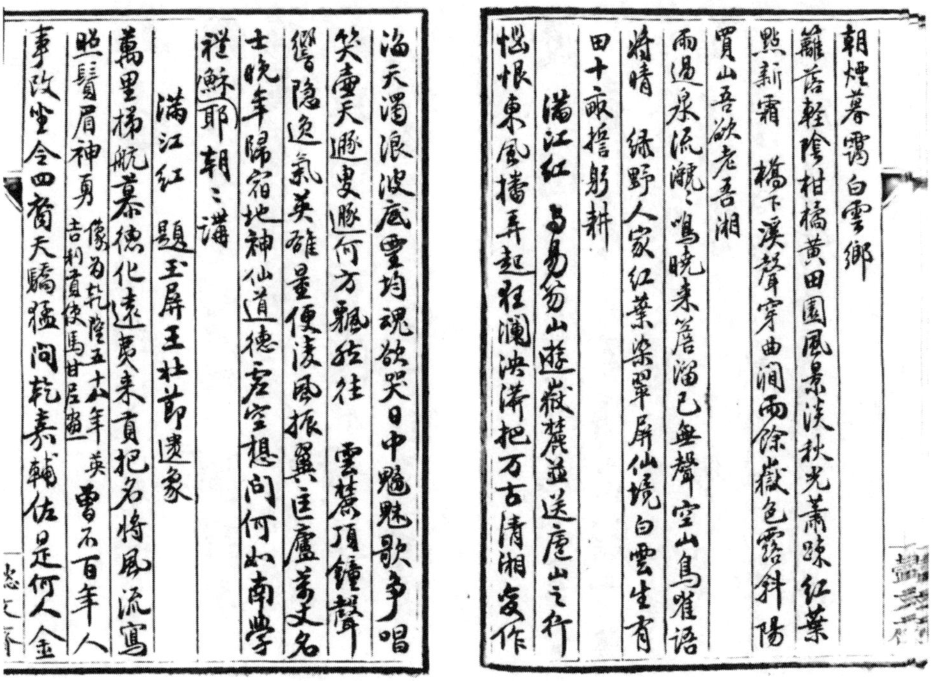

徐树钧《宝鸭斋词》稿本（湖南图书馆藏）书影

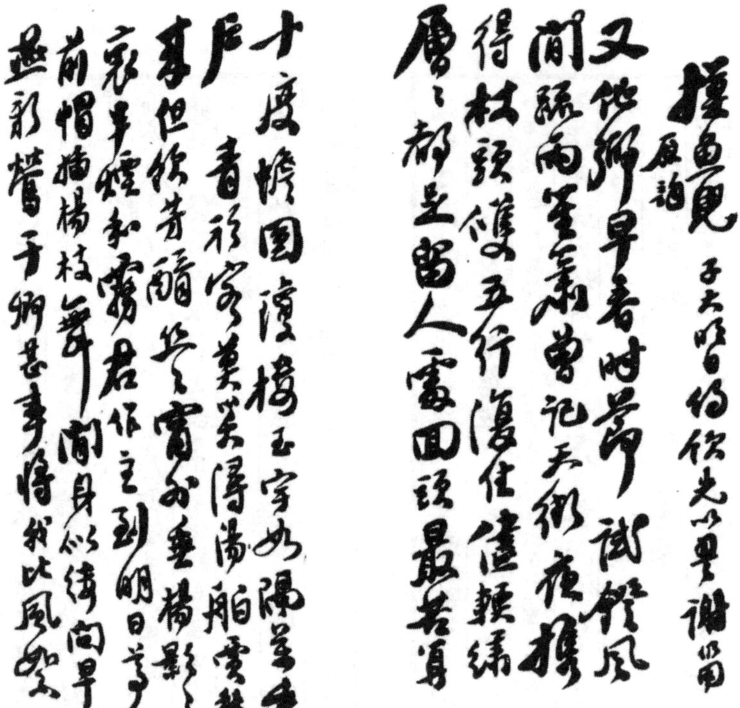

民国十四年宁乡程氏鹿川阁影印本

何维朴《何诗孙手书诗稿·附词》（湖南图书馆藏）书影

光绪十七年（1891）曾行涂手写，壬申（1932）十月建德周氏景印本魏䜌《金谿词》（国家图书馆藏）书影

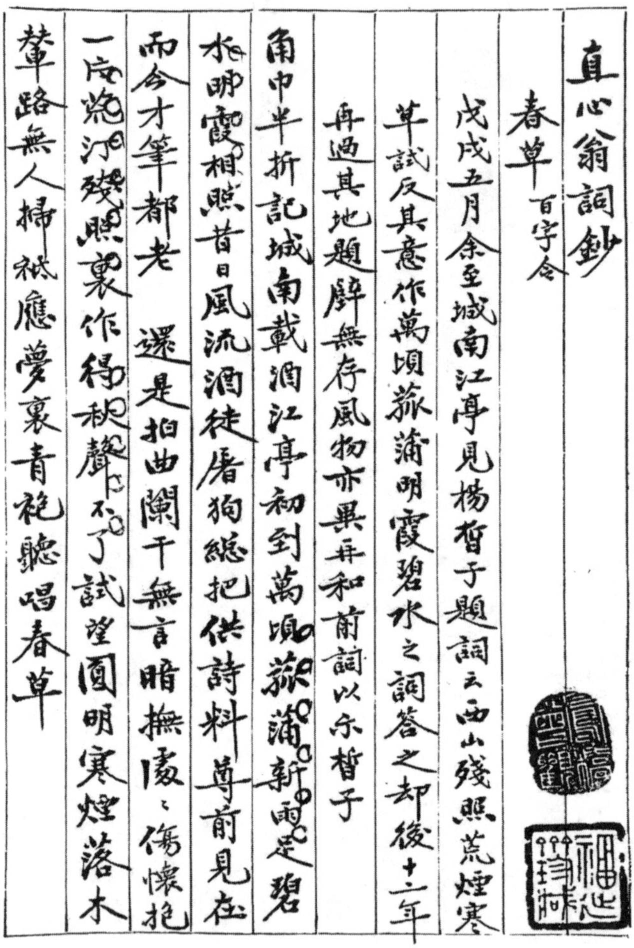

直心翁詞鈔

春草 百字令

戊戌五月余至城南江亭見楊皙子題詞云西山殘照荒煙寒草試反其意作萬頃菰蒲明霞碧水之詞荅之卻後十二年再過其地題辭無存風物亦異再和前詞以示皙子

角巾半折記城南載酒江亭初到萬頃菰蒲新雨足碧水明霞相照昔日風流酒徒屠狗總把供詩料尊前見在而今才筆都老 還是拍曲闌干無言暗撫處處傷懷抱一痕沙汀殘照裏作得秋聲不了試望圓明寒煙落木輦路無人掃衹應夢裏青袍聽唱春草

夏寿田《直心翁词钞》手抄本（周作人藏）书影

此件由夏寿田外孙女郑延珍提供

前　言

词兴起于唐五代，至宋而极盛。但是在这漫长的时间内，湖南却一直没有出现较有名的词家。《全宋词》收词2万余首，作者1300余人，其中湖湘作者仅10余人，作品仅100余首。元代是曲的天下，明词则乏善可陈，后期才略有起色。清代词家辈出，并形成众多流派，被学界称为词坛中兴。从清初开始直至民国，湖南词坛也显山露水，为中兴局面做出了贡献。叶恭绰所编《全清词钞》，收词8000余首，作者近3200人，其中收湘籍作者王船山等93人，词222首。陈乃乾所编《清名家词》收作者仅100人，其中周寿昌、王闿运、陈锐三人为湘籍（陈氏认为王船山系明代遗民，故未收入）。《全清词钞》所收作者以没于清代者为主，附录清末词界名家而没于民国者，词的主要创作活动在民国年间的湖湘作者不少未能收入。况且是书于其他湖湘词人和作品的收录，不能说没有遗漏和忽略。《清名家词·序例》称："清代词人，数以千计。兹先印百家，俟续有汇萃，再印二集，非谓清词名家止于此也。"湖湘词人成就不亚于周寿昌等三人者，还大有人在，这应该是没有异议的。

湘籍词人及其作品，有相当一部分几乎不为人所知。即便是某些名家之作，也至今少有人关注。如清初王岱，是清代湖南早期作词较多的名家，有《了庵词》；著名古文家吴敏树，有《鹤茗堂百二词钞》；著名戏曲作家、理论家、诗人杨恩寿有《坦园词录》七卷，词200余首。但是近年整理出版的《王岱集》《吴敏树集》《杨恩寿集》，均未收录。

至于对湖湘词人及作品的研究，更有待深入。目前，除王船山词有今人笺注本和多篇研究论文，易顺鼎词在《易顺鼎评传》中有所论述及少数论文之外，其他若干当时负有盛名的词家以及众多女词人之作，则今人很少或无人论及。究其原因，与这些词作的原本甚少，流传不广，当代又没有整理出版当不无关系。

湖南学人有辑存前人文献的优良传统。如邓显鹤编纂的《沅湘耆旧集》，收晋宋至清道光中湘籍先贤诗18000余首，罗汝怀编纂的《湖南文征》收元明至清同治中湘籍先贤文4068篇。这两部诗文总集存人、存诗、存文，为后人研究湖湘文化提供了极为丰富的文献资料。令人遗憾的是《沅湘耆旧集》基本不收词，仅该书前编附有易祓、欧阳玄、王以宁、冯子振等人词不到十首，该书正编则一首词也未收录。

基于以上所述，我萌生了辑编唐宋至民国湖湘词，俾学界及爱好者得以窥其全貌的设想。自2017年初开始搜集资料，组织点校整理，撰写作者小传，历时近五年，始汇编成册。

本书所收唐、五代、宋、金、元词，分别辑自曾昭岷、曹济平、王兆鹏、刘尊民所编《全唐五代词》，唐圭璋所编《全宋词》《全金元词》，仅元代冯子振增加了一首，谨此特别说明。词的标点依本书体例做了改动，作者小传除个别作者外，均有补充修改。

本书少数作者词集，有少量曲作散见于其中，整理时未予删去。吴敏树的《鹤茗堂百二词钞》独辟蹊径，序称“自拣新声制小词”，所有词牌全为其自制，读来似词而非词，似曲而非曲，作者自称为词，故亦收入本书。

本书所收大部分是清词。清词早期守律不甚精严，但自康熙年间《词律》《康熙词谱》出现之后，填词者多细审音律，至晚清尤多讲究。但是不严格依谱填词者仍不鲜见，收入本书的作品，用字不合平仄，增字减字，甚至增句减句的现象往往有之。谅读者当能甄别，此非本书编校之误。

罗汝怀在《湖南文征》例言中曾感叹："编录非难，搜采为难。考嘉庆末年重修《通志》，其《艺文》之目列三千七十余种，而今无百一之存。"《湖南文征》成书于同治十一年（1872），罗汝怀所说的湖南文献大量亡佚的现象，之后同样存在。寻霖、龚笃清编著的《湘人著述表》，收录作者8000余人，著述3万余种，现今有目无书者竟多至三分之二。《全清词钞》《湘人著述表》及朱德慈《近代词人考录》所述湘人词集，亦有多种今不见其书。至于以上三书未予著录、本书亦未收入之湘人词集，也极可能还有。编者学识浅陋，见闻不广，尚祈方家指教，补苴罅漏，假以时日，再行续编。

本书所收词集原本，小部分来自于国家图书馆、上海图书馆、北京大学图书馆、湖南师范大学图书馆，其他均由湖南图书馆提供。湖南图书馆原馆长张勇、现馆长贺美华热心相助，寻霖先生、刘雪平女士、许志云女士搜查、拍摄资料费心尤多。湖南人民出版社社长谢清风、总编辑李雄伟为本书的编辑出版工作提供了诸多便利，责任编辑谭乐数年精心校读书稿，文选德先生一直关注本书的编纂。特在此一并致以衷心的感谢！

回忆这几年的编纂过程，辛苦中亦多快意之事，今即将付梓，爰赋二绝以志感。

湖湘文脉代相传，逾万诗余别有天。
搜讨钩沉人自乐，珠玑沓飒润心田。

小斋华发对陈篇，窗外江枫几度燃。
扢雅扬风酬夙愿，兹编差可慰前贤。

熊治祁 2021 年季秋于听江楼

本书原名《湖湘词汇编》，湖南人民出版社 2022 年 11 月出版。今岁季春，岳麓书社决定收入《湖湘文库续编》。获悉此事之后，我订正了原书的若干错讹，其中有些是朱正先生细读原书纠正的。又经多方搜求，补入了 12 位作者，作品 300 多首。全书总计收词约 12000 首，作者 211 人。岳麓书社社长崔灿、总编辑马美著更定书名为《湖湘词全编》，责任编辑李业鹏、孙世杰在重新编辑的过程中，做了大量工作，谨此一并致以谢忱。

参与本书点校和提供部分资料的人员依姓氏笔画列出如次：

王杰成　刘　佳　刘雪平　杨宗义　张问群

陈青松　夏剑钦　黄去非　谌东飚　彭崇伟

曾主陶　曾寤堂　蔡志斌　谭　乐　滕士林

没有这些友人的协助，我是很难完成这项工作的。

熊治祁 2024 年季冬于听江楼

凡　例

一、本书收录唐五代至民国时期湘籍人士词作，其中个别作者卒于1949年之后，但其作品内容涉及辛亥革命和民国史事，故亦予收录。

二、作者顺序大体依其生年先后排列。生年不详者，参考其生平事迹、交游、作品内容及刊行年代等酌定。

三、作者小传一般仅简介其字里、科第、仕履。著述仅列其词集及有关词学著作。

四、所收各家作品，均标明点校整理所据底本。

五、本书采用现行《标点符号用法》，依据词律标点作品。如文意与词律不符，则依文意标点。

六、难以辨识的通假字、明显的错讹字等径改，除特殊情况外，不做标记。

七、词调误用、阙如，均出校记。

《湖湘词全编》各册词人

第一册

胡　曾　释齐己　欧阳彬　侯彭老　王以凝　廖行之　刘　翰
易　祓　易祓妻　章斯才　钟将之　赵　葵　雷应春　赵　湑
王梦应　李　琳　醴陵士人　徐君宝妻　刘　氏　刘　铉　欧阳龙生
冯子振　欧阳玄　马　熙　李道纯　苗善时　刘三吾　李东阳
张　治　龙　膺　陶汝鼐　王　岱　黄周星　陈　震　王素音
王夫之　陈鹏年　夏光洛　杨学林　易宗瀛　陈荣杰　张九钺

第二册

唐仲冕　黄湘南　宋宾逢　周在炽　黄本骐　王　璘　雷玉映
唐婉珠　吴小云　史韫卿　舒梦龄　唐可久　欧阳鹤　李星沅
易　棠　黎吉云　熊少牧　陈芳藻　何绍基　沈　梅　黄婉璚
邹汉璜　罗汝怀

第三册

胡　焯　邹汉勋　邓　琮　吴敏树　言友恂　何慧生　谭　溥
曾国藩　周寿昌　邹汉池　郭嵩焘　孙鼎臣　何桂珍　韶山主人
陈钟英　杜贵墀　李寿蓉　王成升　李　洽　曾传均　邓辅纶
罗　萱　周诒蘩　易佩绅　周诒静

第四册

程霖寿　邓　绎　王闿运　杨恩寿　张祖同

第五册

邓　蛟　田兴恕　龚镇湘　黄维申　张　琳　吴　獬　陈　瀚
李　蓉　陈启泰　徐树钧　周　汉　周翼杶　王先谦　何维朴
张百熙　舒佐尧　胡元仪　李辅燿　皮锡瑞　郑业本　邹世琦
周名建　释敬安　蔡培劼　刘　鉴　唐赞衮　胡元直　陈　鼎
余嵩庆

第六册

王以敏　何维棣　袁绪钦　吴恭亨　黄家骥

第七册

李鹤云　王　济　廖基植　易顺鼎　谢玉芝　谢介僧　魏　繇
陈　锐　易顺豫

第八册

程颂芬　姚肇椿　谭嗣同　罗长裿　程颂万　王　蒧　洪汝冲
黄润萱　唐宗海　何铁笛　曾广钧　胡矩贤　刘善涵　王　畅
汪诒书　黄兆枚　唐景森　唐景尧　齐廷襄　夏寿田　熊希龄

第九册

蔡传奎　章　华　黄　冰　徐芝年　朱　彝　许崇熙　黄　兴

田兴奎　陈天华　左又宜　杨　度　刘肇隅　杨　庄　刘师陶
秦力山　成本璞　欧阳钧　周家树　郭宗熙　王景峨　袁思亮
胡　煐　苏　鹏

第十册

袁思永　易　象　谭恩闿　宁调元　郑　泽　傅熊湘　袁思古
胡熙寿　张　锦　刘泽榘　刘泽槩　刘德鑫　邬思亮　陈润湘
陈　潜　杨延年　杨述章　周诒文　周翼洙　周翼崧　周勋大
周旸寅　周大备　周大肃　骆　鹏　黄　钧　曹典藩　傅道博
谭作民

目　录

胡　曾

胡曾（839—?），号秋田，长沙人，一作邵阳人。咸通中进士。后入蜀为剑南西川节度使书记。唐僖宗乾符五年（878），随高骈为荆南节度使从事。察觉高有异志，遂辞去。归湘后一度任延唐（今湖南宁远）令。

杨柳枝

万里长江一带开，岸边杨柳几千栽。
锦帆未落西风起，惆怅龙舟去不回。

万历本《花草粹篇》卷一

释齐己

释齐己（约 860—940），俗姓胡，名得生，字迩沩，自号衡岳沙门，益阳人。七岁即为宁乡大沩山寺牧童，后落发为僧。久之，移住衡岳东林。后梁龙德元年（921）为江陵龙兴寺僧正。

杨柳枝 （三首）

凤楼高映绿阴阴，凝重多含雨露深。
莫谓一枝柔软力，几曾牵破别离心。

秾低似中陶潜酒，软极如伤宋玉风。
多谢将军绕营种，翠中闲卓战旗红。

高僧爱此遮江寺，游子伤残露野桥。
争似着行垂上苑，碧桃红树对摇摇。

以上明刻本《唐词纪》卷一

杨柳枝

馆娃宫畔响廊前，依托吴王养翠烟。
剑去国亡台榭毁，却随红树噪秋蝉。

明刻本《唐词纪》卷二

欧阳彬

欧阳彬（？—950），字齐美，衡山人。马殷据湘时，携诗往谒，门吏索贿，不与，遂不得见。后得歌妓瑞卿资助，入成都，献《万里朝天赋》，前蜀后主擢为翰林学士。后蜀广政初，为嘉州刺史。累官尚书左丞，出为宁江军节度使。

生查子

竟日画堂欢，入夜重开宴。剪烛蜡烟香，促席花光颤。
待得月华来，满院如铺练。门外簇华骝，直待更深散。

《彊村丛书》本《尊前集》

侯彭老

侯彭老，字思孺，号醒翁，衡山（一作耒阳或长沙）人。大观初进士，绍兴三年（1133）知藤州，后弃官隐居。

踏莎行

十二封章，三千里路，当年走遍东西府。时人莫讶出都忙，官家送我归乡去。

三诏出山，一言悟主，古人料得皆虚语。太平朝野总多欢，江湖幸有宽闲处。

《清波杂志》卷十二

王以凝

王以凝，亦名以宁，字周士，湘潭人。由太学生任鼎澧安抚使幕吏，靖康初率师助解太原围，遂官宣抚史。后历任鼎州、台州、潮州、全州等处官职。有《王周士词》一卷。

水调歌头　裴公亭怀古

岁晚橘洲上，老叶舞愁红。西山光翠，依旧影落酒杯中。人在子亭高处，下望长沙城郭，猎猎酒帘风。远水湛寒碧，独钓绿蓑翁。

怀往事，追昨梦，转头空。孙郎前日，豪健颐指五都雄。起拥奇才剑客，十万银戈赤帻，歌鼓壮军容。何似裴相国，谈道老圭峰。

又　呈汉阳使君

大别我知友，突兀起西州。十年重见，依旧秀色照清眸。常记鲒埼狂客，邀我登楼雪霁，杖策拥羊裘。山吐月千仞，残夜水明楼。

黄粱梦，未觉枕，几经秋。与君邂逅，相逐飞步碧山头。举酒一觞今古，叹息英雄骨冷，清泪不能收。鹦鹉更谁赋，遗恨满芳洲。

满庭芳

山耸方壶，潮通碧海，江东自昔名家。玉真仙子，珰佩粲朝霞。一种天香胜味，笑杨梅、不数枇杷。难模写，牟尼妙质，光透紫丹砂。

咨嗟，如此辈，不知何为，留滞天涯。料甘心远引，无意纷华。一任姚黄魏紫，供吟赏、银烛笼纱。南游士，日餐千颗，不愿九霞车。

又 邓州席上

千古南阳，刘郎乡国，依约楚俗秦风。英姿豪气，耆旧笑谈中。珰佩来从帝所，许洲花、潭菊从容。霜秋晓，凉生日观，极目送飞鸿。

主公，天下士，挥毫万字，一饮千钟。醉高歌起舞，唤醒人龙。我自人间漫浪，平生事、南北西东。辞公去，寒眸激电，曾识小安丰。

又 陈觉叟雪中见过

五十七年，侵寻老矣，小庵初筑林坰。故人相过，喜雪舞祥霙。遍野跳珠溅玉，纵儿童、收满金瓶。明年待，洗光银海，袖手看升平。

先生，齐物久，蚁丘罢战，蜗角休征。趁尊前身健，有酒须倾。随分村歌社舞，何须问、武宿文星。忘怀矣，未能忘酒，相与醉忘形。

又 重午登霞楼

千古黄州，雪堂奇胜，名与赤壁齐高。竹楼千字，笔势压江涛。笑问江头皓月，应曾照、今古英豪。菖蒲酒，窊尊无恙，聊共访临皋。

陶陶，谁晤对，粲花吐论，宫锦纫袍。借银涛雪浪，一洗尘劳。好在江山如画，人易老、双鬓难茠。升平代，凭高望远，当赋反离骚。

蓦山溪 和虞彦恭寄钱逊叔

平山堂上，侧盏歌南浦。醉望五州山，渺千里、银涛东注。钱郎英远，满腹贮精神，窥素壁，墨栖鸦，历历题诗处。

风裘雪帽，踏遍荆湘路。回首古扬州，沁天外、残霞一缕。德星光次，何日照长沙，渔父曲，竹枝词，万古歌来暮。

又 游南山

雕弓绣帽，戏马秦淮道。风入马蹄轻，曾踏遍、淮堤芳草。飞英点点，春事已阑珊，风雨横，别离多，断送英雄老。

功名终在，休惜芳尊倒。谈笑下燕云，看千里、风驱电扫。

男儿此事，莫待鬓丝棼，汉都护，万年觞，玉殿春风早。

念奴娇　淮上雪

天工何意，碎琼珰玉佩，书空千尺。箬笠蓑衫扁舟下，淮口烟林如织。飞观嶙峋，子亭突兀，影浸澄淮碧。纶巾鹤氅，是谁独笑携筴？

遥想易水燕山，有人方醉赏，六花如席。云重天低酣歌罢，胆壮乾坤犹窄。射雉归来，铁鳞十万，踏碎千山白。紫箫声断，唤回春满南陌。

又　（二首）

云收天碧，渐风高露冷，群喧初寂。远浦归舟荒渡口，搴篷横棹堤侧。一带澄江，十分蟾影，千里寒光白。襟怀迎爽，有人独步携筴。

遥想帘卷琼楼，凭阑凝望，此意知何极。声断秦箫双凤驾，凌厉飞仙同籍。问汉乘槎，采珠临海，往事空踪迹。莫辞吟赏，终宵清景难得。

晚烟凝碧，渐渔村山市，人归寂寂。有客飞舟还顾访，应讶纶巾攲侧。得意忘年，推诚投分，高论追元白。英标逸气，笑予穷抱真筴。

兴尽又复言归，秋风分袂，浩荡思无极。咫尺昭山明翠壁，那知中隐咸籍。说梦难听，闭门寻梦，肯念栖萍迹。浪吟狂醉，几时还共重得。

鹧鸪天 寿刘方明

昔有书生荐寿杯，清词妙绝贺方回。黄花也欲为君寿，先向重阳六日开。

跻楚俗，上春台，政成归去位三台。明年寿酒君王劝，知有传宣敕使来。

又 寿杜士美

帝乙何年骑玉龙，武夷仙伯笑相从。长庚瑞应游仙梦，碧藕花开解愠风。

歌既醉，乐元丰，明良相悦寿无穷。野人更有深深祝，笑指三台十八公。三台寿松在南岳。

又 寿张徽猷

桃李纷纷春事催，桐花风定牡丹开。天麟下作人间瑞，玉燕清宵入梦来。

红玉酎，紫霞杯，五云深处望三台。君家况有庭前柏，好个擎天八柱材。

临江仙　和子安

眼看西园红与紫，年来几度芳菲。吾生四十渐知非。只思青箬笠，江上雨霏霏。

饮酒但知寻夏季，不须远慕安期。丹成仙去是何时。龟藏何必学，春日正迟迟。

又

此理循环如引锯，春来百草菲菲。道人一笑悟前非。功名真长物，夕霭与朝霏。

梦褥清孙今禄隐，漫郎自许风期。江楼景物得旬时。平芜三百里，天阔夕阳迟。

又　与刘拐

闻道洛阳花正好，家家遮户春风。道人饮处百壶空。年年花下醉，看尽几番红。

此拐又从何处去，飘蓬一任西东。语声虽异笑声同。一轮清夜月，何处不相逢。

浣溪沙　舣舟洪江步下

起看船头蜀锦张，沙汀红叶舞斜阳，杖拿惊起睡鸳鸯。

木落群山雕玉□，霜和冷月浸澄江，疏篷今夜梦潇湘。

又　寿赵倅

艾胜迎薰寿缕长，碧筜酒泛绿蒲香，万家喜气在都梁。
小阁幽轩新料理，舞衫歌扇且传觞，看君飞步上明光。

又　张金志洗儿

招福宫中第几真，餐花辟谷小夫人，天翁新与玉麒麟。
我识外家西府相，玉壶冰雪照青春，小郎风骨已凌云。

踏莎行　（三首）

梦褥光宗，河东右族，向来到耳声华熟。游从两世记金兰，风流二阮居南北。

今夕何辰，相亲灯烛，一廛我愿依韦曲。长君未可赋骊驹，山人莫为蒲轮促。

我自山中，渔樵冷族，一丘一壑平生熟。揭来江海寄余生，心兵语阱频奔北。

九里灵河，十分光烛，分辉借润须邻曲。柳家兄弟莫瞋人，狂奴小户元低促。

位正三槐，光生九族，人间一梦黄粱熟。迩来荆楚地行仙，卜居深在延原北。

笑问从前，谁调玉烛，当筵鲍老那能曲。山中饮酒是生涯，欲归未果成烦促。

感皇恩　和才仲西山子

千古洞庭湖，百川争注。雪浪银涛正如许。骑鲸诗客，浩气决云飞雾。背人歌欸乃，凌空去。

我欲从公，翩然鹄举。未愿人间相君雨。笭箵短棹，是我平生真语。个中烟景好，烦公句。

庆双椿　汪周佐夫妇五月六日同生

问政山头景气嘉，仙家绿酒荐菖芽，仙郎玉女共乘槎。

学士文章舒锦绣，夫人冠帔烂云霞，寿香来是道人家。

渔家傲

往事闲思人共怕，十年塞上烟尘亚。百万铁衣驰铁马。都弄罢，八风断送归莲社。

卖药得钱休教化，归来醉卧蜗牛舍。一颗明珠元不夜。非待借，神光穿透诸天下。

好事近 （二首）

诗客少微家，世有斗南人杰。一段素襟清韵，似玉壶冰雪。

怀中卿相饱经纶，况是好时节。我有太平歌颂，待形容贤业。

白石读书房，世有斗南人杰。一段素襟清韵，似玉壶冰雪。

仙家赤酒荐交梨，道眼况超越。来往十洲三岛，跨一轮新月。

虞美人 宿龟山夜登秋汉亭

归来峰下霜如水，明月三千里。幽人独立瞰长淮，谁棹扁舟一叶趁潮来。

洞庭湖上银涛观，忆我烟蓑伴。此身天地一浮萍，去国十年华发欲星星。

浣溪沙 张国泰生日

快雨疏风六月凉，貂蝉人着彩衣裳，肃然心拜玉炉香。

相国趣还调鼎鼐，潘舆指日下潇湘，秋来江上接归航。

南歌子 李左司生日

未折江南柳，先开陇上梅。绿情红意到根荄，昨夜春随和气已归来。

忠力扶昌运，冲和保圣胎。阳功阴德好栽培，他日骑鲸仙路指蓬莱。

鹧鸪天 刘运判生日

瑞雪当空舞素英，玳筵收得满金瓶。洗教双眼明如镜，看取黄河几度清。

龟界寿，鹤为形，年年长愿见仪刑。他年林下逢彭祖，唤作谁家小后生。

以上《彊村丛书》本《王周士词》

廖行之

廖行之（1137—1189），字天民，其先延平人，徙衡州。淳熙十一年（1184）进士。授岳州巴陵尉，以亲老乞归，改宁乡主簿，未就。

洞仙歌 寿老人

虞弦挥按，甫奏薰风曲。两两尧蓂长新绿。揖鳌峰、连雁峤，轇轕圆融，总里许、北郭门围全属。

年年才见夏，喜溢枌榆，龙穴霏烟霭晴谷。向氤氲和气里，岁奉瑶觞，试屈指、几阅梅林初熟。待一品官高见玄孙，算八十彩衣，更饶遐福。

念奴娇 寿四十叔

薰风庭院，报槐阴拥翠，池波凝绿。瑞气葱葱浮燕寝，羽仗霓旌相属。鸑鷟开祥，长庚入梦，诧列仙图箓。林泉高迈，肯应轩冕尘俗。

好是妙舞清歌，浮瓜沉李，荐杯中醽醁。鹊尾炉生香篆细，又作如何祈祝。试问蓬莱，丹崖胜处，几摘蟠桃熟。东方何在，凛然能继高躅。

贺新郎　和狄志父秋日述怀

玉宇□蓬户。渺凉声、萷椮梧井，乱零枫浦。得得西山朝来爽，碧瘦千崖万树。清兴在、烟霞深处。拄笏风流今谁是，但闻鸡夜半犹狂舞。试举看，渠多许。

青云万里君夷路。肯区区、狝张兔穴，沉迷金坞。流水高山真难料，休把朱弦浪抚。任展转、翻云覆雨。且对佳时随意乐，更从今莫问惊人句。算万事，总天赋。

又　赋木犀

修月三千户。拥冰轮、同游碧落，问津牛浦。上界真仙多才思，乞与瑶阶玉树。渺万里、人间何处。云叶依依分清荫，忆当时掩映霓裳舞。算万木，宁如许。

年年萧爽幽岩路。倚西风、吹香金粟，超然云坞。一洗纷纷凡花尽，堪写清商对抚。为豁散、蛮烟瘴雨。脱俗高标谁能领，向骚人正欠题新句。须大手，与君赋。

水调歌头　寿外舅

林梢挂弦月，江路粲寒梅。一年清绝，好是造物巧安排。今日不知何日，佳气更随喜气，满室已春回。欢事一时足，黄色两眉开。

紫髯公，平日事，亦高哉。都将功业，分付兰玉满庭阶。

慈爱浑嗤张傅，信义更高吴季，别是一襟怀。岁岁长生酒，剩□紫霞杯。

又 寿长兄

天下伟人物，荆楚号名流。幅员千里，英气磅礴岳南州。雁峤高参翼轸，石鼓下盘朱府，衮衮应公侯。常记生申旦，明日是中秋。

挈明月，翳翔凤，驷飞虬。东南一尉，何事三载漫淹留。谈笑洞庭青草，从此阆风阊阖，高处看鳌头。更种阶庭玉，慈母念方稠。

又 寿汪监

祥起玉龙甲，庆衍紫枢垣。奎文得岁，佳气磅礴斗牛间。天意方扶兴运，贤业更看奕世，衮衮照英躔。四海具瞻久，膏泽满湘川。

岁六月，苏大旱，作丰年。喁喁百万生齿，何处不沾恩。此是鸿钧事业，那更青毡步武，早晚即调元。混一车书了，还领赤松仙。

又 寿□守

黄色起犀表，紫绶照金章。两朝耆德，应是南国旧龚黄。曾上方壶蓬岛，万里鲸波不作，炎海赖清凉。缓造鹓鸿地，高卧水云乡。

近新来，春色好，遍潇湘。不知今日何日，佳气拥高堂。竞把芳尊为寿，细祝遐龄难老，福禄未渠央。国栋欠元老，仙桂看诸郎。

又 寿邓彦鳞

凉吹起空阔，疏雨敛轻阴。潇湘江上秋色，佳处不胜清。拄笏西山一望，气与千崖高爽，天意属奇英。威凤下瑶阙，丹桂矗云根。

汉元侯，流德厚，在云孙。金昆玉季，曾共接武上青云。堂上瑶池仙姥，庭下芝兰玉树，好事萃于门。剩讲经纶事，早晚自公卿。

又 寿欧阳景明

苍立箨龙秀，青压雨梅肥。清和天气，无限佳景属斯时。试听虞弦初理，便有薰兮入奏，风物正熙熙。此日定何日，香篆袅金猊。

记当年，蓂两荚，应熊罴。男儿壮志，端在伊傅与皋夔。况是从容书史，养就经纶功业，早晚帝王师。但了公家事，方与赤松期。

又 寿武公望

韩国武中令，公望乃云孙。平生壮志，凛凛长剑倚天门。郁积胸中谋虑，慷慨尊前谈笑，袖手看风云。唾手功名事，诗句自朝昏。

况高怀，吾所敬，果难能。千金生产，一笑推尽与诸昆。所至才成辄去，不为区区芥蒂，此意有谁论。且举杯中酒，今日是生辰。

沁园春 和苏宣教韵

直下承当，本来能解，莫遣干休。算如今蹉过，峥嵘岁月，分阴可惜，一日三秋。闹里偷声，日中逃影，用尽机关无少留。争知道，是沤生即水，水外无沤。

世人等是悠悠，谁着个工夫向里求。但掩耳窃钟，将泥洗块，觅花空里，舐蜜刀头。何以忙中，尻舆浸假，邀取三彭同载游。真如界，向毗卢顶上，荐取无忧。

千秋岁 寿外姑

腊余时候，天意收寒早。梅信动，春先到。晓来湘水上，有底风光好。春有意，惯随仙仗来蓬岛。

一念到人间，依约瑶池道。心好在，慈为宝。蟠桃多岁月，不数如瓜枣。千岁也，朱颜绿鬓人难老。

青玉案　书七里桥店

片帆稳送扁舟去，又还踏、江湖路。回首京城旧游处。断魂南浦，满怀装恨，别后凭谁诉。

长歌击剑论心素，有志功名未应暮。自诵百僚端复许。归来犹记，东坡诗语，但草凌云赋。

又　重九忆罗舜举

家山此去无多路，久没个、音书去。一别而今佳节度。黄花开未，白衣到否，篱落荒凉处。

峥嵘岁月还秋暮，空腹便便无好句。菊意愆期浑未许。那堪惹恨，年来此日，长是潇潇雨。

满庭芳　丁未生朝和韵酬表弟武公望

五甲科名，半生蹭蹬，胸中可谓忘奇。荣华外物，算岂是人为。自有吾身事业，最难得、□养亲时。萱堂好，紫鸾重诰，寿与岳山齐。

世间，欢乐事，争名蜗角，伐性蛾眉。谩须臾变化，苍狗云衣。那似千秋寿母，功名事、分付吾儿。从今去，捧觞戏彩，双绶更相宜。

凤栖梧　寿长嫂

吾母慈祥膺上寿。福庇吾家，近世真希有。丘嫂今年逾六九，康宁可嗣吾慈母。

我愿慈闱多福厚。更祝遐龄，与母齐长久。鸾诰联翩双命妇，华堂千岁长生酒。

又　寿外舅

破腊先春梅有意。管领年华，总在清香蕊。不逐浮花红与紫，岁寒来寿仙翁醉。

衮衮诸公名又利。谁似高标，摆却人间事。长对南枝添兴致，尊前好在三千岁。

临江仙　元宵作

春意茫茫春色里，又还几度花期。淡晴时候尽融怡。梅腮翻白后，柳眼弄青时。

正是江城天气好，楼台灯火星移。相逢无处不相宜。轻狂行乐处，明月夜深归。

西江月　舟中作

绀滑一篙春水，云横几里江山。一番烟雨洗晴岚，向晓碧天如鉴。

客枕漫劳魂梦，心旌长系乡关。封姨悭与送归帆，愁对绿波肠断。

又　寿友人

试数阶蓂有几，昨朝看到今朝。南薰早动舜琴谣，端为熊罴梦兆。

学粹昔人经制，文高古乐箫韶。天风从此上扶摇，回首不劳耕钓。

鹧鸪天　寿四十舅

飞尽林花绿叶丝，十分春色在荼蘼。多情几日风朝雨，留恋东风未许归。

天意好，与君期，如今且醉□蛾眉。明年上国春风里，赏遍名花得意时。

又　寿外舅

腊月今朝恰一旬，梅花开遍陇头春。篆烟起处人称寿，从昔家和福自生。

新喜事，得佳姻，贤郎顺妇正充庭。从今更祝千千岁，要与邦人作典型。

又 寿外姑

细数元正隔两朝，眼看杨柳又新条。岁寒独有江梅耐，曾伴瑶池下绛霄。

香篆袅，烛花烧，团栾喜气沸欢谣。慈祥自是长生乐，不用春醪饿与椒。

又 代人寿欧阳景明

送了春归雨未收，雨肥梅子满枝头。心知办此和羹品，正为和羹国手谋。

蓂两荚，岁千秋，崧高神气禀公侯。好将一卷周公礼，起佐皇家定九州。

又 寿叔祖母

曾宴瑶池万玉宫，鸾骖此日自从容。杓携鹑首坤维外，岁在降娄虎坎中。

生指李，寿方瞳，云仍今有鹊巢风。传家自得长年诀，安用人祈鹤与松。

又 寿外舅

兰谷清香入岭梅，多根应尔暖先回。腊前似得真消息，争逐尧蓂十叶开。

春满室，酒盈杯，百花宁许到尊罍。仙姿要是仙家伴，长为遐龄岁一来。

又　寿邓孺人

畴昔君王庆诞辰，欢传金母下瑶城。只应仙子陪仙仗，却向人间作寿星。

萧史伴，更和鸣，殷勤好嗣太夫人。直须同饮长生酒，剩看芝兰照谢庭。

卜算子　元夜观灯

云破露新晴，月上输清气。最是江城有底佳，灯火人烟沸。

行乐尽欢娱，眼界尤妍媚。多少江滨解佩人，邂逅无穷意。

点绛唇　和梁从善

屈指家山，匆匆又数今朝过。客情那可，愁似天来大。

烟雨蒙蒙，细浥轻尘堕。君知么，却成甚个，春暮犹江左。

又　赠别李唐卿

秋兴连天，又还不分秋光老。莼鲈犹好，莫落秋归后。

有底从人，上马皆东首。君知否，阳关三奏，消黯情多少。

又　送人归新城

音信西来，匆匆思作东归计。别怀萦系，为个人留滞。
尊酒团栾，莫惜通宵醉。还来未，满期君至，只在初三四。

又　贺四十五舅授室（四首）

年少清新，襟裾那受红尘污。还他礼数，莫遣衣冠粗。
拟倩东风，西逐轮蹄去。泠然御，飘飘仙趣，直到骖鸾处。

此去何之，骈阗车马朝来起。扬鞭西指，意气眉间是。
闾里儿童，竞瞩秦萧史。归时儿，快瞻行李，还看如云喜。

玳席华筵，嘉宾环集三千履。兰膏芬芷，一簇红莲里。
花覆玉郎，苒苒青衫嫩。咸倾企，小登科第，有底新桃李。

玉树芝兰，冰清况有闺房秀。画堂如昼，相对倾醇酎。
合卺同牢，二姓欢佳耦。凭谁手，鬓丝同纽，共祝齐眉寿。

丑奴儿　庆邓彦鳞生子

一春底事多佳气，非雾非云。郁郁氤氲，端为君家诞阿兴。
庆源衮衮由高密，福有多根。百子千孙，此是元侯嫡耳孙。

如梦令 记梦

雨歇凉生枕簟，不梦大槐宫殿。惟对谪仙人，一笑高情眷眷。离恨离恨，无奈晓窗鸡唼。

又 咏梅

应是南枝向暖，那更青春未晚。竹外见红腮，芳意与香撩乱。肠断肠断，无奈东风独占。

鹧鸪天 咏梅菊呈抚州葛守

九日东篱已泛觞，陇头犹待返魂香。那知此日花神约，得得同登君子堂。

迎腊雪，傲晴霜，西湖风韵接柴桑。寿潭更酌长生水，岁岁和羹入帝乡。

减字木兰花 送别

相从归去，行尽江吴到湘楚。欲话离怀，万事须凭酒一杯。

临歧握手，赠子一言君听否。舌在何忧，莫作人间儿女愁。

以上《彊村丛书》本《省斋诗余》

刘　翰

刘翰，字武子，一字修武，长沙人。南宋绍兴年间，与张孝祥、范成大、杨万里等交游唱和，颇有诗声。有《小山集》一卷。

桂殿秋　寿于湖先生（二首）

青帝子，碧莲宫。不驾云车骑白龙。瑶池路远羽衣湿，玉佩泠泠明月中。

双玉节，到神京。碧杯仙露冷如冰。一声金磬千花发，洞口天风吹酒醒。

以上二首见《小山集》

蝶恋花

团扇题诗春又晚。小梦惊残，碧草池塘满。一曲银钩帘半卷，绿窗睡足莺声软。

瘦损衣围罗带减。前度风流，陡觉心情懒。谁品新腔拈翠管，画楼吹彻江南怨。

《阳春白雪》卷二

清平乐 （二首）

萋萋芳草，怨得王孙老。瘦损腰围罗带小，长是锦书来少。

玉箫吹落梅花，晓寒犹透轻纱。惊起半屏幽梦，小窗淡月啼鸦。

鸳鸯翡翠，小小池塘水。落絮游丝花满地，度日阑干独倚。

金刀裁就春衫，起来初试轻寒。满把相思清恨，题诗欲寄江南。

以上二首见《阳春白雪》卷三

好事近

花底一声莺，花上半钩斜月。月落乌啼何处，点飞英如雪。

东风吹尽去年愁，解放丁香结。惊动小亭红雨，舞双双金蝶。

《阳春白雪》卷四

菩萨蛮

去时满地花阴月，归来落尽梧桐叶。帘外小梅残，绿窗幽梦寒。

明朝提玉勒，又作江南客。芳草遍长亭，东风吹恨生。

《阳春白雪》卷七

以上刘翰词七首用周泳先辑《小山词》

易 祓

易祓，字彦祥，一作彦章，号山斋，宁乡人。淳熙十一年(1184) 进士。累官翰林院直学士，晋礼部尚书，封宁乡开国郎。后遭贬，闲居著书。

蓦山溪 春情

海棠枝上，留得娇莺语。双燕几时来，并飞入、东风院宇。梦回芳草，绿遍旧池塘，梨花雪，桃花雨。毕竟春谁主。

东郊拾翠，襟袖沾飞絮。宝马趁雕轮，乱红中、香尘满路。十千斗酒，相与买春闲，吴姬唱，秦娥舞，拼醉青楼暮。

喜迁莺 春感

帝城春昼。见杏脸桃腮，胭脂微透。一霎儿晴，一霎儿雨，正是催花时候。淡烟细柳如画，雅称踏青携手。怎知道、那人人，独倚阑干消瘦。

别后音信断，应是泪珠，滴遍香罗袖。记得年时，胆瓶儿畔，曾把牡丹同嗅。故乡水遥山远，怎得新欢如旧。强消遣，把闲愁推入，花前杯酒。

以上二首见《中兴以来绝妙词选》卷四

水调歌头

袚奉陪判府府判诸丈为澹岩之游，回视融之仙岩，全之砻岩，殆相长雄。使袚向不以罪斥，则安知天下有此清胜。谨以小词纪其实。袚皇恐再拜。

自古清胜地，江带与山篸。夸娥擘此石罅，不独岭之南。初见仙岩第一，再见砻岩第二，今见澹岩三。丘壑皆有分，品第不须谈。

望前驱，陪后乘，破晴岚。出城一舍而近，峭壁与天参。不使尘埃涴脚，忽觉烟云对面，鹤驭可同骖。杖屦从归去，此乐□湘潭。

《金石补正》卷九十六载《澹山岩题刻》

易祓妻

易祓妻，萧氏（？—1261），善化（今属长沙）人。能诗词。以易显贵，封夫人。

一剪梅

染泪修书寄彦章，贪做前廊，忘却回廊。功名成就不还乡，铁做心肠，石做心肠。

红日三竿懒画妆，虚度韶光，瘦损容光。不知何日得成双，羞对鸳鸯，懒对鸳鸯。

《古杭杂记》

章斯才

章斯才，一称章衡阳。余不详。

水调歌头 寿提刑

帝念重湖远，使者选清强。关西夫子人杰，揽辔出驾行。熊楚一天坐镇，虎节三台更历，号令肃秋霜。褰帷间风俗，原隰总生光。

瞻南极，朝北斗，酌霞觞。潢池息浪奏凯，筹饷属萧张。一点眉间多□，一札日边有诏，香案侍东皇。岁岁蓬壶宴，好景对柘黄。

又 寿杨宪

秋老楚天阔，光粲极南星。郁葱瑞霭浮动，湘水舞湘灵。方启流虹华旦，恰值绂麟弥月，嘉会庆千龄。维岳降神处，玉印注长生。

衣衮绣，袍练鹊，纽双萦。民气和乐，雁到回地作欢声。楚观连天境界，四景撩人风物，身世自蓬瀛。剩酌金貂醁，飞诏到临蒸。

以上见《截江网》卷五

钟将之

钟将之，字仲山，长沙人。尝为编修官。庆元二年（1196）监登闻鼓院。后历任军器监丞、江西提刑兼权赣州、江南路转运判官。有《岫云词》，今佚。

浣溪沙 南湖席上次韵

鬓亸云梳月带痕，软红香里步莲轻，妖娆六幅过腰裙。
不怕满堂佳客醉，只愁灭烛翠眉颦，更期疏影月黄昏。

又

蘋老秋深水落痕，桂花微弄雨花轻，癯仙也解醉红裙。
太白曲君愁满饮，小鸿眉黛爱低颦，尊前一洗眼花昏。

以上见《永乐大典》卷二万零三百五十三席字韵引钟将之词

赵　葵

赵葵（1186—1266），字南仲，号信庵，又号庸斋，衡山人。少从父抗金，补承务郎。后以擒斩叛将李全有功，进兵部侍郎。淳祐九年（1249），拜右丞相兼枢密使。咸淳初，特授少师武安军节度使，封冀国公，旋卒，谥忠靖。

南乡子

束发领西藩，百万雄兵掌握间。召到庙堂无一事，遭弹，昨日公卿今日闲。

拂晓出长安，莫待西风割面寒。羞见钱塘江上柳，何颜，瘦仆牵驴过远山。

《钱塘遗事》卷三

雷应春

雷应春，字春伯，别号北湖，郴州人。嘉定十年（1217）进士，分教岳阳，除监行在都进奏院，擢监察御史。因忤时相，罢归。隐居北湖九年，复起知临江军。

好事近

梅片作团飞，雨外柳丝金湿。客子短篷无据，倚长风挂席。

回头流水小桥东，烟扫画楼出。楼上有人凝伫，似旧家曾识。

《阳春白雪》卷四

沁园春　官满作

问讯故园，今如之何，还胜昔无？想旧耘兰蕙，依然葱蒨；新栽杨柳，亦已扶疏。韭本千畦，芋根一亩，雨老烟荒谁为锄？难忘者，是竹吾爱甚，梅汝知乎？

茅亭低压平湖，有狎鹭驯鸥尚可呼。把绛纱准拟，新官到也；寒毡收拾，贱子归欤。略整柴门，更芟草径，惟有幽人解枉车。丁宁着，与做添棋局，砌换茶垆。

《阳春白雪外集》

赵　潽

赵潽，字元晋，号冰壶，衡山人，赵葵子。咸淳中官沿江制置使兼知建康府，景炎时为江西制置使。

临江仙　西湖春泛

堤曲朱墙近远，山明碧瓦高低。好风二十四花期。骄骢穿柳去，文艋挟春飞。

箫鼓晴雷殷殷，笑歌香雾霏霏。闲情不受酒禁持。断肠无立处，斜日欲归时。

吴山青　水仙

金璞明，玉璞明。小小杯柈翠袖擎，满将春色盛。

仙佩鸣，玉佩鸣。雪月花中过洞庭，此时人独清。

以上见《绝妙好词》卷五

王梦应

王梦应，字静得，一字圣与，攸县人。咸淳十年（1274）进士，授庐陵尉。曾从文天祥抗元。宋亡，率部入永新。后兵败，部属散亡，一家皆歿，王仅免。

摸鱼儿 寿王尉，癸未冬至后五日

问谁歌、暗香疏影，此花堪照人世。起持霜月为花寿，天亦愿花千岁。谁有意，着如此人间，更着花如此。高寒洒洒。看浩荡刚风，跨虬飞佩，玉影乱如水。

行春处，一笑人间紫翠。纷纷窥此天地。寿如川至。□好是、涧翁兹岁喜。荣沾南儒恩例，捧觞更喜郎君美。任夜来归侍。见说生辰，恰逢本命，寿筵且未。听老聃孙子，祝公耆艾，祝公富贵。

《翰墨大全·丙集》卷十三

按：此首下半全误，似是二调讹为一首者，无别本可校。

锦堂春 寿李仁山

浅幘分秋，凉尊试月，西风未雁犹蝉。看芙蓉影里，绿鬓年年。日上云帆压海，尘清玉马行天。更烟楼风举，风幕麟游，锦后珠前。

绿阴池馆如画，记晴春药径，雨晓芝田。已办十年笑语，小聚云边。舞称香围艳雪，歌迟酒落红船。早群仙醉去，柳掖花扶，似雾非烟。

念奴娇

欲霜更雨，记青云篱落，东风前此。帘外客秋人共老，雁与愁飞千里。水郭烟明，竹陂波小，万叶寒声起。凭高那更，九嶷吹尽云气。

婉娩空复多情，年年晋梦，花与柴桑是。谁解意消风日晚，短笛孤舟林水。江蟹笼新，露萸斟浅，浇得乡关思。平芜天远，一痕黄抹秋霁。

以上二首见《草堂诗余》卷下

疏　影

懵腾晓被，听堕冰屋角，晴哢仍未。土湿烟生，庭掩寒青，障泥懒为春试。东风旧与花飞去，料记得、年年沙际。忍落梅、万点苔根，化作一窗离思。

犹忆蔫红稚绿，断桥雪未扫，天近春易。老对荒寒，事旧人新，雁后不成情味。人间解有花如海，待一片、不教随水。但玉香、酥影玲珑，逐日暖红云里。

醉太平 送人入湘

寒窗月晴，寒梢露明。一痕归影灯青，又分携短亭。
蘅皋佩云，蒸溪酒春。有谁勤说归程，是峰头雁声。

以上二首见《天下同文集》

李　琳

李琳，号梅溪，长沙人。咸淳十年（1274）进士。入元后履历不详。朱彝尊《词综》收其词二首。

平韵满江红　题宜春台

碧蘸江山，鹤唳晓、云献画屏。瑶宫敞，舞金翔翠，巍枕春城。龙背神瓢飞旱雨，虹光花石转阴晴。蔼昼香、飞雾福苍生，千古灵。

箫鸾响，笙鹤鸣。瑞烟起，彩云行。满阑干花影，绣扬帘旌。佛界三千笼日月，仙楼十二挂星辰。望赭袍、霞佩并云軿，游紫清。

木兰花慢　汴京

蕊珠仙驭远，横羽葆，簇霓旌。甚鸾月流辉，凤云布彩，翠绕蓬瀛。舞衣怯环佩冷，问梨园几度沸歌声。梦里芝田八骏，禁中花漏三更。

繁华一瞬化飞尘，辇路劫灰平。恨碧灭烟销，红凋露粉，寂寞秋城。兴亡事空陈迹，只青山淡淡夕阳明。懒向沙鸥说得，柳风吹上旗亭。

六幺令　京中清明

淡烟疏雨，香径渺啼鹅。新晴画帘闲卷，燕外寒犹力。依约天涯芳草，染得春风碧。人间陈迹，斜阳今古，几缕游丝趁飞蝶。

柳向尊前起舞，又觉春如客。翠袖折取嫣红，笑与簪华发。回首青山一点，檐外寒云叠。梨花淡白，柳花飞絮，梦绕阑干一株雪。

以上《草堂诗余》卷中

醴陵士人

一剪梅

宰相巍巍坐庙堂。说着经量，便要经量。那个臣僚上一章，头说经量，尾说经量。

轻狂太守在吾邦。闻说经量，星夜经量。山东河北久抛荒，好去经量，胡不经量？

《花草粹编》卷七

徐君宝妻

徐君宝，宋末巴陵（今岳阳）人。其妻（？—1259）姓名失考，亦巴陵人。开庆元年（1259）被元军掳至杭州，元将欲玷污，知不免，投水死。

满庭芳

汉上繁华，江南人物，尚遗宣政风流。绿窗朱户，十里烂银钩。一旦刀兵齐举，旌旗拥、百万貔貅。长驱入，歌台舞榭，风卷落花愁。

清平三百载，典章人物，扫地俱休。幸此身未北，犹客南州。破鉴徐郎何在，空惆怅、相见无由。从今后，梦魂千里，夜夜岳阳楼。

《东园客谈》

刘　氏

自署雁峰刘氏，应为衡阳人。宋末被掳，题词长兴酒库。

沁园春

我生不辰，逢此百罹，况乎乱离。奈恶因缘到，不夫不主，被擒捉去，为妾为妻。父母公姑，弟兄姊妹，流落不知东与西。心中事，把家书写下，分付伊谁？

越人北向燕支，回首望、雁峰天一涯。奈翠鬟云软，笠儿怎带；柳腰春细，马性难骑。缺月疏桐，淡烟衰草，对此如何不泪垂。君知否？我生于何处，死亦魂归。

《梅涧诗话》卷下

刘　铉

刘铉，曾任浏阳教官，余不详。元《草堂诗余》云“鼎玉刘铉”。方回《桐江续集》卷十二称“刘元鼎铉”，卷二十一又称“刘仲鼎铉”，未知孰是。

少年游　戏友人与女客对棋

石榴花下薄罗衣，睡起却寻棋。未省高低，被伊春笋，拈了白玻璃。

钏脱钗斜浑不省，意重子声迟。对面痴心，只愁收局，肠断欲输时。

蝶恋花　送春

人自怜春春未去。萱草石榴，也解留春住。只道送春无送处，山花落得红成路。

高处莺啼低蝶舞。何况日长，燕子能言语。付与光阴相客主，晴云又卷西边雨。

乌夜啼　石榴

垂杨影里残红，甚匆匆。只有榴花，全不怨东风。
暮雨急，晓鸦湿，绿玲珑。比似茜裙初染，一般同。

以上见《草堂诗余》卷下

欧阳龙生

欧阳龙生（1251—1308），字成叔，浏阳人。宋末隐居浏阳白云庄，元初任浏阳文靖书院山长，迁道州路教授。

沁园春

玄旦日先君冀郡公作此示勉，敬跋于后。

玄子来前，还忆汝，今朝初度时。是吾家几世，书香阀阅；我翁畴昔，心地坦夷。宅相伊何，泛红老子，汝母慈仁有儿。如今恨，倚门人去，和胆为谁。

丈夫七十何为，算三十功名已是迟。要经天纬地，拓开实用；嘲风弄月，省可虚词。我亦平生，卮言徒费，犹酌檐花向九疑。团圞好，待老吾泉石，留汝钟彝。

《圭斋文集》卷十四

冯子振

冯子振（1257—1348），字海粟，自号瀛洲客、怪怪道人。攸州（今湖南攸县）人，一说湖南湘乡人。曾官集贤待制、承事郎，卒封侍御史。

鹧鸪天　赠珠帘秀

凭倚东风远映楼，流莺窥面燕低头。虾须瘦影纤纤织，龟背香纹细细浮。

红雾敛，彩云收。海霞为带月为钩。夜来卷尽西山雨，不着人间半点愁。

《青楼集》

鹧鸪天　赠歌儿珠帘秀

十二阑干映远眸，醉乡空断楚天秋。虾须影薄微微见，龟背纹轻细细浮。

香雾散，翠云收，海霞为带玉为钩。归来卷尽西山雨，不着人间半点愁。

《沅湘耆旧集·前编》卷第三十四

欧阳玄

欧阳玄（1273—1358），字原功，号圭斋，浏阳人。元延祐二年（1315）进士。累官翰林学士承旨，进阶为光禄大夫。卒封楚国公，谥曰文。

渔家傲 （十二首）

余读欧公李太尉席上作十二月渔家傲鼓子词，王荆公亟称赏之。心服其盛丽，生平思仿佛一言不可得。近年窃官于朝，久客辇下，每欲仿此，作十二阕，以道京师两城人物之富，四时节令之华，他日归农，或可资闲暇也。至顺壬申二月，玄修大典既毕，经营南归，属春雪连日，无事出门，晚寒附火，私念及此，夜漏数刻，腹稿具成，枕上不寐，稍谐叶之。明日，笔之于简，虽乏工致，然数岁之中，耳目之所闻见，性情之所感发者，无不檃括概见于斯。至于国家之典故，乘舆之兴居，与夫盛代之服食器用，神京之风俗方言，以及四方宾客宦游之况味，山林之士未尝至京师者，欲有所考焉，此亦可见其大略矣。

正月都城寒料峭，除非上苑春光到。元日班行相见了。朝回早，阙前褫帕欢相抱。

汉女姝娥金搭脑，国人姬侍金貂帽。绣毂雕鞍来往闹。闲驰骤，拜年直过烧灯后。

二月都城春动野，引龙灰向银床画。士女城西争买架。看驰马，官家引佛官兰若。

水暖天鹅纷欲下，鹰房奏猎催车驾。却道海青逢燕怕。才过社，柳林飞放相将罢。

三月都城游赏竞，宫墙官柳青相映。十一门头车马迸。清明近，豪家寒具金盘饤。

播祭流连芳草径，归来风送梨花信。向晚轻寒添酒病。春烟暝，深深院落秋千迥。

四月都城冰碗冻，含桃初荐瑛盘贡。南寺新开罗汉洞。伊蒲供，杨花满院莺声弄。

岁幸上京车驾动，近臣准备銮舆从。建德门前飞玉鞚。争持送，葡萄马乳归银瓮。

五月都城犹衣夹，端阳蒲酒新开腊。月傍西山青一掐。荷花夹，西湖近岁过苕霅。

血色金罗轻汗浃，宫中画扇传油法。雪腕彩丝红玉甲。添香鸭，凉糕时候秋生榻。

六月都城偏昼永，辘轳声动浮瓜井。海上红楼歌扇影。河朔饮，碧莲花肺槐芽沈。

绿鬓亲王初守省，乘舆去后严巡警。太液池心波万顷。闲芳景，扫宫人户捞渔艇。

七月都城争乞巧，荷花旖旎新棚笊。笼袖娇民儿女狡。偏相搅，穿针月下浓妆佼。

碧玉莲房和柄拗，晡时饮酒醒时卯。淋罢麻秸秋雨饱。新凉稍，夜灯叫卖鸡头炒。

八月都城新过雁，西风偏解惊游宦。十载辞家衣线绽。清宵半，家家捣练砧声乱。

等待中秋明月玩，客中只作家中看。秋草墙头萤火烂。疏钟断，中心台畔流河汉。

九月都城秋日亢，马头白露迎朝爽。曾向西山观苍莽。川原广，千林红叶同春赏。

一本黄花金十镪，富家菊谱签银榜。龙虎台前驼鼓响。擎仙掌，千官瓜果迎銮仗。

十月都人家旨蓄，霜菘雪韭冰芦菔。暖炕煤炉香豆熟。燔獐鹿，高昌家赛羊头福。

貂袖豹袪银鼠襮，美人来往毡车续。花户油窗通晓旭。日寒燠，梅花一夜开金屋。

十一月都城居暖阁，吴中雪纸明如垩。锦帐豪家深夜酌。金鸡喔，东家撒雪西家嚯。

纤指柔长宫线弱，阳回九九官冰凿。尽道今冬冰不薄。都人乐，官家喜受新年朔。

十二月都人供暖箑，宫中障面霜风猎。甲第藏钩环侍妾。红袖摩，笑歌声送金蕉叶。

倦客玉堂寒正怯，晓洮金井冰生鬣。冻合灶觚饧一碟。吴霜镊，换年懒写宜春帖。

以上《彊村丛书》用明刊《圭斋文集》本

马　熙

马熙，字明初，衡州（今湖南衡阳）人。官右卫率府教授。

摸鱼子　并序（十首）

中执法安阳公初度之辰，熙赋乐府为寿，以“买陂塘、旋栽杨柳”为首句，为新得园池，成公志也。公洎可行都司各和二首，桢和二首。既而可行董浚筑之役，竣事，复八赓公韵，公亦和之，愈出而愈奇，有本者如是夫。公命熙复赓，而鼯技穷矣，搜枯得九首，并倡为十阕，谨录以呈，优希指教。

买陂塘、旋栽杨柳，参知绿野机务。春花秋月冬宜雪，夏有芰风荷雨。亭北渚，更倚棹观鱼，时憩东西屿。掀髯自语。任黄阁丝纶，彤庭剑履，未换涉园趣。

人间世，多少高眠巢许。勋庸终愧伊吕。得闲宰相方为贵，谁识山中诗句。觞玉醑，看老鹤蹁跹，舞入南飞谱。清风万古。是旧隐晞韩，新堂醉白，香满菊花圃。

买陂塘、旋栽杨柳，参知老圃机务。宰相得请归田里，久旱忽逢甘雨。怀鄂渚，怅黄鹤楼前，鹦鹉翔烟屿。清魂可语。奈信美江山，无穷湖海，难得故乡趣。

西园地，天意昔年曾许。埙篪近协音吕。筑台浚沼方竣事，更办雪儿佳句。仍酹酳，为祷尔三家，恐有治园谱。今吾胜古。问孟氏芳邻，何时康乐，何似柬之圃。

买陂塘、旋栽杨柳，参知圭沼机务。石渠瀌瀌鸣西北，不用九天瓢雨。鱼在渚，又戏藻翻荷，绕遍方圆屿。鱼如解语。道惠子忘言，庄周忘象，岂识水中趣。

寒泉上，云影天光如许。高谈曾会朱吕。此中尽有源头水，添我感怀新句。姑却酳，便合着叶嘉，百世云初谱。心源汲古。任智井无波，方塘好在，余润及蔬圃。

买陂塘、旋栽杨柳，参知三岛机务。方壶圆峤千夫力，挥汗已能成雨。凫立渚，看两两胎禽，俯伏红云屿。忘机对语。尽较短量长，昨非今是，未害老仙趣。

山中计，长吏讵能羁许。糊涂正合晞吕。交梨火枣如缄惠，何必云林漓句。瓶罄酳，问玉醴金浆，通我仙宗谱。尝闻往古。说舟近蓬莱，风犹引出，何处觅县圃。

买陂塘、旋栽杨柳，参知渔艇机务。巨川冒涉风涛险，此际缆烟维雨。朝泊渚，到日落沧波，移傍寒梅屿。翠禽无语。甚雪意方深，月明空载，独棹始成趣。

銮坡梦，年少纷纷权许。功名更欲侔吕。桃花浪暖多肥鳜，不识绿蓑词句。常载酳，岂特与、笔床茶灶联文谱。闲忙今古。是世上何人，渊明日涉，董子不窥圃。

买陂塘、旋栽杨柳，池亭检校公务。团茅时复羲皇上，惊梦每来窗雨。东望渚，却不似西偏，略约连双屿。于时语语。待柳色环堤，荷香入座，方足倚阑趣。

园丁戆，直把廉名自许。端如司马家吕。十年护得檐前桧，莫咏蛰龙奇句。谁酌醑，试共看、东皋五斗先生谱。明当仿古。要渠列箕畴，牖县羲画，学取晦翁圃。

买陂塘、旋栽杨柳，平堤检校公务。近来不用新沙筑，屐齿要深苔雨。兰艺渚，植桂树团团，宛在池中屿。堤应怨语。只有恨柔条，无情飞絮，日与我同趣。

周垣下，杖策已蒙神许。馌瓜何用怀吕。丈夫志不期温饱，愧尔碧纱笼句。行且醑，听弦索迎风，吹入新翻谱。由今视古。对草绿西湖，裙腰一道，端合让西圃。

买陂塘、旋栽杨柳，飞桥检校公务。当年题柱非无意，借用池墨玄雨。沱共渚，早有路潜通，海上三神屿。归来笑语。便玉蝃横空，金猊跨海，安有野亭趣。

裴中令，别墅相师惟许。倡酬声应钟吕。若教子午成丁卯，容得老渔寻句。忙唤醑，好净洗穷愁，却与论诗谱。西风道古。我欲系匏瓜，匏瓜何在，缑氏已无圃。

买陂塘、旋栽杨柳，崇台检校公务。西山远巘千岩壑，总解蓄云藏雨。临浅渚，更俯视银涛，万顷摇孤屿。姮娥寄语。约静影浮光，浴金沉璧，方领眺瞻趣。

登临地，休逸主人先许。买邻邀我从吕。黄金铸作千钱贺，不及无须新句。斟绿醑，甚欲把、园亭草木随时谱。歌豳验古。看祭韭条桑，薪樗剥枣，纳稼筑场圃。

买陂塘、旋栽杨柳，梦中还理家务。十年不到衡山麓，孤负楚云湘雨。蘋映渚，渺杜若江蓠，香接烟霞屿。口心相语。为蝇骥东西，云龙上下，误却钓游趣。

生平志，愿识平舆二许。煌煌岳降申吕。集词敬为先生寿，博得月章星句。毋我醑，只小草幽兰，心醉离骚谱。松存径古。待游遍西园，荷锄归去，吾亦爱吾圃。

太常引　补和可翁（四首）

园池多在魏公时，盛极自然稀。天遣可翁回，要扶起、台倾榭欹。

圭塘如此，藕花无数，一笑领翁诗。帝里不须期，怕韡似、三司面皮。

园中风物水中亭，消得两娉婷。浊酒卷荷倾，早洗尽、筝声笛声。

四堤晴柳，一天花气，付与晚山青。飞絮挟云轻，任膝上、瑶琴自横。

迟红酣日照修筠，光景一时新。万物却游尘，看出浴、温泉太真。

榜上龙虎，班头鹓鹭，无复困冠巾。花亦识天民，问身到、黄扉几人。

露桃云杏不胜秾，合让水花红。别种出林东，为冰雪、相看改容。

洹堂双瓮，此时千叶，愁绝阏珠宫。贮酒待吟翁，念畴昔、时来一中。

渔家傲　补和可翁（四首）

香雾空蒙烟缥渺，青归林木先从杪。若采芳洲繁采沼。花事悄，幽情聊复忘鱼鸟。

鸟倦知还亭月老，鱼安浅碧吹斜照。鱼若有言求直钓。秦吉了，也应能唱渔家傲。

八十邻翁头似葆，为言环翠埋芳草。不似圭塘风物闹。清昼好，来游往往逢郊岛。

细浪粼粼风袅袅，柳丝柔直荷钱小。凫短鹤长无用较。舟可棹，扣舷重和渔家傲。

凉入槐阴门巷杳，秋容次第归蘋蓼。潦尽波寒亭影倒。征雁早，一声唤起江天晓。

菊外白衣殊未到，沙堤留得西山眺。何事水莲花独少。诗与调，倚风仍度渔家傲。

池上水枯根岸峭，池边雪霁无行道。三岛遥遥心欲造。舟子诮，拏舟恐受坚冰笑。

遵渚一鸿方矫矫，苦饥双鹤从形槁。吾亦安能充尔操。惟善宝，岁寒歌彻渔家傲。

以上周泳先校《旧抄圭塘欸乃集本马熙词十八首》

李道纯

李道纯，字元素，号清庵，又号莹蟾子，都梁（今湖南武冈）人。宋末元初著名道士，道教内丹南宗一派的传人。《扬州府志》谓其曾往江苏仪征长生观修道。

沁园春 （六首）

得遇真传，便知下手，成功不难。得癸生之际，抽铅添汞，火休太燥，水莫令寒。鼓动巽风，扇开炉鞴，武炼文烹不等闲。金炉内，个两般灵物，煅炼成丸。

先须打破疑团，方透归根复命关。使赤子乘龙，离宫取水；金公跨虎，运火烧山。金公无言，姹女敛袂，一个时辰炼就丹。浑吞了，证金刚不坏，超出人间。

身处玄门，不遇真师，徒尔劳辛。若绝学无为，争知阖辟；多闻博学，宁脱根尘。固守自然，终成断灭，着有着无都不真。般般假，那星儿妙处，参访高人。

一言说破元因，直指丹头精气神。问一窍玄关，本无定位；两般灵物，只在心身。动静相因，有无交入，五气朝元万善臻。幽奇处，把一元簇在，一个时辰。

道曰五行，释曰五服，儒曰五常。矧仁义礼智，信为根本；金木水火，土在中央。白虎青龙，玄龟朱雀，皆自勾陈五主张。天数五，人精神魂魄，意属中黄。

乾坤二五全彰，会三五、归元妙莫量。火二南方，东三成五；北玄真一，西四同乡。五土中宫，合为三五，三五混融阴返阳。通玄士，把铅银砂汞，炼作金刚。

道本虚无，虚无生一，一二成三。更三生万物，物皆虚化；形形相授，物物交参。体体元虚，头头本一，未许常人取次谈。虚无妙，具形各相貌，虚里包含。

虚中密意深探，致虚极、工夫问老聃。那虚寂湛然，无中究竟；虚无兼达，勘破瞿昙。象帝之先，威音那畔，清净虚无孰有儋。诸玄眷，以虚无会道，稽首和南。

叉手者谁，合掌者谁，擎拳者谁。只这些伎俩，人犹错会；无为妙理，孰解操持。我为诸公，分明举似，老子瞿昙即仲尼。思今古，有千贤万圣，总是人为。

可怜后学无知，辨是是非非没了期。况天地与人，一源分判；道儒释子，一理何疑。见性明心，穷微至命，为佛为仙只在伊。功成后，但殊途异派，到底同归。

说与学人，火无斤两，候无卦爻。也没抽添，也无作用，既无形象，不必烹炮。件件非真，般般是假，着意作工空谩劳。君知否，但一切声色，都是讹肴。

见闻知觉俱抛，直打并、灵台无一毫。更休言炉灶，休寻药物，虚灵不昧，志力坚牢。神室虚闲，灵源澄静，就里自然天地交。全真辈，苟不全真性，劫运宁逃。

又　赠静庵口诀

历劫元神，旦初祖气，太始元精。道三般至宝，同根并蒂，欲求端的，勿泥身形。息定神清，缘空气固，清静无为精自凝。丹头结，运阴阳符火，慢慢调停。

尤当固济持盈，把铅汞银砂一处烹。四象合和，命基永固；三元辐辏，觉性虚灵。性命两全，形神俱妙，与道合真无变更。逍遥处，任遨游八极，自在纵横。

又　赠春谷清禅师

智断坚刚，奋心决烈，便透玄关。把杀人手段，轻轻拈出；活人刀子，慢慢教看。一剑当空，万缘俱扫，方信道瞿昙即老聃。玄夙播，看春生寒谷，觌面慈颜。

从他雪覆千山，那突兀孤峰青似蓝。况击竹拈花，都成骨董；扬眉瞬目，也是颟顸。劫外风光，日前荐取，擘破面皮方罢参。如何是，那祖师的意，合掌和南。

又　赠括苍张希微，号几庵

不识不知，无声无臭，名曰希微。只道个便是，全真妙本，人能透得，即刻知几。闻法闻经，说禅说道，执象泥文都属非。

君还悟，这平常日用，总是玄机。

仍凭决烈行持，把四象五行收拾归。会两仪妙合，三元辐辏；一灵不昧，万化皈依。精气凝神，缘情返性，迸出蟾光遍界辉。形神妙，向太虚之外，独露巍巍。

又

曲径旁蹊，三百六十，门门不同。若泥在一身，终须着物；离于形体，又属顽空。无有兼行，如何下手，两下俱捐理不通。修真士，若不知玄窍，徒尔劳工。

些儿妙处难穷，亲见了、方能达本宗。况听之不闻，抟之不得，观之似有，觅又无踪。个个见成，人人不识，我把天机泄与公。玄关窍，与虚无造化，总在当中。

又　赠吴居士丹旨

向上工夫，乾宫立鼎，坤位安炉。这火候幽微，元无作用，抽添进退，不费枝梧。阴往阳来，云行雨施，主宰机缄总在渠。心安定，那虚灵不昧，照破昏衢。

性宗悟了玄珠，这命本、成全太极图。向圈圈圈外，圆光迸出；存存存里，独见真如。一气归根，六门三用，到此全凭德行扶。混尘世，且藏锋挫锐，了事凡夫。

又 赠安闲子周高士

真鼎真炉，不无不有，惟正惟中。向静里施工，定中斡运，寂然不动，应感潜通。老蚌含珠，螟蛉咒子，个样真机妙莫穷。只这是，若疑团打破，顿悟真空。

采铅不离坤宫，运符火、须当鼓巽风。向北海波心，生擒白虎；南山火里，捉住青龙。二物相投，三关一辏，炼出神丹满鼎红。藏身处，且和光混俗，是谓玄同。

又 赠郑松溪

若拙若愚，若慵若懒，若呆若痴。只这底便是，造玄日用，果行得去，密应神机。学解见知，声闻圆觉，增长根尘塞肚皮。都无用，但死心塌地，寿与天齐。

金仙不在天西，那碧眼胡儿不必题。问性宗一着，从空自悟；命基上事，务实为基。虚实相通，有无交入，混合形神圣立跻。禅天净，看云藏山岳，月照松溪。

又 赠损庵入静

九转工夫，三元造化，百日立基。便打扑精神，存决定志；掀翻妄幻，绝断狐疑。剔起眉毛，放开心地，物物头头一笔挥。行功处，便横拖斗柄，倒斡璇玑。

为中会取无为，个个有、中间有最奇。到恍惚之间，窈冥之际，守之即妄，纵又成非。不守不忘，不收不纵，勘这存存存底谁。只恁么，持六阳数足，抱个蟾儿。

又 赠王提点

慧海深澄，德山高耸，主人不凡。况挫锐解纷，黜聪屏智，掀翻物我，不露机缄。立志虚无，潜心混沌，帝象之先密意参。玄玄处，老先生元性，一贯乎三。

曾和至士玄玄，故默默昏昏契老聃。矧灵地虚间，禅天湛寂，忘知忘识，无北无南。收拾身心，圆融造化，覆载中间总作丹。炉中就，看圆陀陀地，照耀松关。

又 勉中庵执中妙用

中是儒宗，中为道本，中是禅机。这三教家风，中为捷径，五常百行，中立根基。动止得中，执中不易，更向中中认细微。其中趣，向词中剖得，慎勿狐疑。

个中造化还知，却不在、当中及四维。这日用平常，由中运用，兴居服食，中里施为。透得此中，分明中体，中字元来物莫违。全中了，把中来劈破，方是男儿。

又 赠圆庵蒋大师

人心惟危，道心惟微，中藏化机。那些儿妙处，都无做造，灵明不昧，慧日光辉。曰气曰神，惟精惟一，玉莹无瑕天地归。

疑玄处，把坎中一画，移入南离。

赤龙缠定乌龟，六月里严霜果大奇。那白头老子，来婚素女，胎仙舞罢，共入黄帏。布雨行云，阳和阴畅，一载工夫养个儿。常温养，待玉宸颁诏，足蹑云归。

又　勉诸门人

道在常人，日用之间，人自不知。奈丛识纷纷，红尘衮衮，灵源不定，心月无辉。人我山高，是非海阔，一切掀翻便造微。诸贤眷，听清庵设喻，切勿狐疑。

先将清净为基，用静定为庵自住持。以中为门户，正为床榻，诚为径路，敬作藩篱。卑顺和人，谦恭接物，服食兴居弗可违。常行此，若工夫不闲，直入无为。

满江红　赠虚庵

日用工夫，只一味、存虚抱素。会殊途同归，一致百虑。紫极宫中元气息，调我鼎内三花聚。问安炉、立鼎事如何，乾金铸。

缚金乌，获玉兔。捉将来，封土釜。这火候抽添，更须防护。至宝圆成明出入，法身形兆无来去。便潜身、直谒太清宫，神常住。

又 赞谁庵殷管辖

谁是庵儿，阿谁在、庵中撑柱？看饥来吃饭，谁知甘苦？角徵宫商谁解听，青黄皂白谁能睹？向平常、日用应酬人，谁区处？

是谁行，是谁举？是谁默，是谁语？这些儿透得，便知宾主。外面形躯谁做造，里头门户谁来去？造无为、毕竟住谁庵，朱陵府。

又 授觉庵

道本自然，但有为、头头是错。若一味谈空，如何摸索。无有双忘终不了，两边兼用遭缠缚。都不如、默默守其中，神逸乐。

过去事，须忘却。未来事，休详度。这见在工夫，更休泥着。六欲不生三毒灭，一阳来复群阴剥。悟真空、抱本还元虚，为真觉。

又 赠丁县令三教一理

三教正传，这蹊径、元来蓦直。问老子机缄，至虚静极。释氏性从空里悟，仲尼理自诚中入。算始初、立教派分三，其源一。

道玄关，常应物。易幽微，须默识。那禅宗奥旨，真空至寂。刻刻兼持无间断，生生受用无休息。便归根、复命体元虚，藏至密。

又 赠睡着李道判

好睡家风，别有个、睡眠三昧。但睡里心诚，睡中澄意。睡法既能知止趣，便于睡里调神气。这睡功、消息睡安禅，少人会。

身虽眠，性不昧。目虽睡，内不闭。向熟睡中间，隐帖帖地。一枕清风凉彻骨，梦于物外闲游戏。觉来时、身在广寒宫，抱蟾睡。

又 赞圆庵傅居士

这个〇儿，自历劫以来无象。况端端正正，亭亭当当。细入微尘无影迹，大周天界难安放。更通天彻地任纵横，无遮障。

没根宗，没形状。烁烁明，团团亮。只这个便是，本来模样。放出直超无色界，收来隐在光明藏。待顶门、裂破现圆通，金色相。

又 赠止庵张宰公

性正惟中，只这是、修仙秘诀。若稍有偏颇，动生差别。试向动中持得定，自然静里机通彻。会三元、五气入黄庭，金花结。

运火功，有时节。海潮生，天上月。那一升一降，复圆复缺。十月工夫无间断，一灵妙有超生灭。更问予、向上事如何，无言说。

又 赠密庵，述三教

教有三门，致极处、元来只一。这一字法门，深不可测。老子谷神恒不死，仲尼心易初无画。问瞿昙教外涅槃心，密密密。

学神仙，须定息。学圣人，忘智识。论做佛机缄，只凭慧力。道释儒流都勘破，圆明觉照工夫毕。看顶门、进破见真如，光赫赫。

又 赠唯庵宗道人

观复工夫，要默默、存存固守。静极中一动，便通玄牡。惚恍中间情合性，虚无谷里奇投偶。我今将、向上祖师机，为君剖。

说话底，非干口。把物底，非干手。那没脚童儿，会翻筋斗。解得个些奇特处，自然勘破无中有。问西来、的的意云何，擘鼻杻。

又 赠密庵

一粒金丹，这出处、孰知年劫。若不识根源，怎生调燮。

况是自家元有底，何须着相胡施设。我分明、举似学仙人，天机泄。

软如绵，硬似铁。利如金，圆似月。又不方不圆，无亏无缺。放则迸开天地窍，收来隐在虚无穴。问不收不放作么生，应难说。

又 赠一庵

三五真机，应用处、头头总是。况日用平常，密巍巍地。向有无中忘二见，便于罔象通三昧。却如何、成少不成多，因滞泥。

水乡铅，只一味。个便是，先天气。会蟾乌合璧，身心合意。西四归来投北了，东三便去交南二。把五般、攒簇入炉中，丹完备。

又 赠孙居士

这点虚灵，自古来、无亏无缺。更烁烁圆圆，澄澄彻彻。照破洪蒙前底事，分开蟾窟中间穴。向庵中、养个白虾蟆，皎如雪。

那些儿，无可说。利如金，团似月。运化化生生，了无休歇。山水蒙时天癸降，地雷复处玄霜结。驾青鸾、直谒广寒宫，超生灭。

又 赠默庵

默即说兮，这说处、元来有默。只默说便是，金丹秘诀。默识潜通为大要，声闻缘觉皆虚设。向说中、认得默之根，无生灭。

会说底，非干舌。与默底，无差别。这默底宁如，说底亲切。若向不言中得趣，便于不默俱通彻。将默默、说说尽掀翻，天机泄。

又 赠敬庵葛道人

道本无言，要学者、潜通默识。若万虑俱捐，虚灵湛寂。动处调停水中火，定中究竟波罗密。问玄关、一窍在何宫？中间觅。

不是心，不是物。不是仙，不是佛。只这些端的，鲜人知得。迷者到头空苦志，悟来不费些儿力。看无中、生有产灵胎，阳神出。

又 授记门人

吾道玄关，决不许、外边人入。有学者来参，防他做贼。猛把杀人刀子举，活人手段轻拈出。更单提、独弄逞神通，谁能敌。

若是个，善知识。便承当，心不惑。仗奋心刚胆，逢佛杀佛。举步便能欺十圣，口开便要吞三极。把乾坤、天地尽掀翻，真奇特。

又　令门人和

采药归来，这鼎器、乾金铸写。那些儿道理，全凭主者。先把根尘都扫尽，从前熟处休沾惹。问行工、进火事如何？凭般若。

五雷车，青龙扯。烧山符，心铸写。更涤虑洗心，灵泉浇洒。九转功成丹道毕，一灵真性还虚也。那赤条条地法王身，无可把。

满庭芳　赠焦提举

寂寞山居，喧轰市隐，头头总是玄关。资明高士，须向定中参。我把活人手段，杀人刀、慢慢教看。君还悟，只今荐取，超脱不为难。

一言明说破，起初下手，先炼三三。自玄宫起火，运入昆山。把定则云横谷口，放行也、月落寒潭。功因竟，大蟾成象，名姓列仙班。

又　授记定庵

学佛学仙，参禅穷理，不离玄牝中间。可怜迷谬，往往□相瞒。一味寻枝摘叶，徒坐破、几个蒲团。堪伤处，外边寻觅，笑杀老瞿昙。

些儿真造化，诚能亲见，胆冷心寒。定庵高士，好向定中参。看破娘生面目，把从前、学解掀翻。真空透，髑髅迸破，真主自离庵。

水调歌头 赠和庵王察判

土釜要端正，定里问黄公。流戊就己，须待山下出泉蒙。采药提防不及，行火休教太过，贵在得其中。执中常不易，天理感而通。

那些儿，玄妙处，实难穷。自从会得，庵中无日不春风。便把西方少女，嫁与南陵赤子，相见永和同。十月圣胎备，脱蜕烁虚空。

又 赠秋蟾周先生

铅汞了无质，炉鼎假安名。殆因动静迷人，不觉堕声闻。这个先天妙理，日用着衣吃饭，相对甚分明。接物应机处，不动感而灵。

不是心，不是佛，匪为金。明加眼力，莫教错认定盘星。片片迷云涣散，湛湛禅天独露，个是本来真。风定浪头息，月满水光清。

又 赠宝蟾子

学佛学仙要，玄妙在中诚。真铅真汞无非，只是性和情。但得情来归性，便见铅来投汞，二物自交并。日用了无间，大药自然成。

识抽添，明进退，要持盈。坤炉乾鼎，阴符阳火慢调停。一窍玄关透了，八片顶门裂破，迸出宝蟾明。功行两圆备，谈笑谒三清。

又 赠刘居士

在俗心不俗，尘里不沾尘。处身中正，何妨闹市与山林。践履不偏不易，日用无争无执，只此是全真。方寸莫教昧，便是上乘人。

采元精，炼元气，复元神。三元合一，自然鼎内大丹凝。更把玄风鼓动，天外迷云消散，慧月朗然明。叩我第一义，江上数峰青。

又 赠张蒙庵

雷在地中复，山下出泉蒙。明斯二理，自然造化合玄同。密密至虚守静，便见无中妙有，九窍一齐通。直下承当去，个是主人公。

莫着无，莫着有，莫着空。疑团打就，只今突出妙高峰。

拨置纷纷外境，收拾灵灵底个，生化了无穷。毕竟作么道，日向岭东红。

又 赠实庵

道乃法之体，法乃道之余。双全道法，横拈倒用总由渠。只这元神元气，便是天兵将吏，除此外都无。说与洞蟾子，定里作工夫。

守为胎，用为窍，假为符。既明此理，何须苦泥墨和朱。若使精凝气固，便可驱雷役电，妖怪悉皆诛。行满功成日，谈笑谒仙都。

又 示众无分彼此

道释儒三教，名殊理不殊。参禅穷理，只要抱本返元初。解得一中造化，便使三元辐辏，宿疾普消除。屋舍既坚固，始可立丹炉。

炼还丹，全太极，采玄珠。的端消息，采将坎有补离无。若也不贪不爱，直下离声离色，神气总归虚。了达一切相，赤子出神庐。

又 赠白兰谷

三元秘秋水，微密实难量。米分清浊，天地人物一包藏。一乃太玄真水，二气由兹运化，三极理全彰。上下降升妙，根本在中黄。

兔怀胎，牛喘月，蚌含光。人明此理，倒提斗柄戽银潢。绝断曹溪一派，掀倒蓬莱三岛，无处不仙乡。谁为白兰谷，安寝感羲皇。

又 言道

三元秘秋水，未悟谩猜量。诚能参透，洗心涤虑密归藏。意与身心不动，精与气神交合，天理自然彰。三善备于我，翻笑炼玄黄。

性圆融，心豁达，德辉光。牛郎织女，一时会合到天潢。勘破乘槎伎俩，密契浴沂消息，游泳有无乡。日用别无事，读易对三皇。

又 言性

三元秘秋水，都不属思量。收来毫末，放开大地不能藏。过去未来见在，只是星儿消息，体物显然彰。本自无形象，随处见青黄。

性源清，心地静，发天光。木人半夜，倒骑铁马过银潢。正是露寒烟冷，那更风清月白，乘兴水云乡。识破梦中梦，稽首礼虚皇。

百字令　赠真蟾子叶大师

玄关欲透，做工夫、妙在一阳来复。天癸才生忙下手，采处切须虔笃。绝虑忘机，清心释累，认取虚无谷。铅银砂汞，一时辰内攒簇。

霎时天地相交，甲庚无间，龙虎齐降伏。取坎填离，乾体就、阳火阴符行足。至宝精坚，真蟾形兆，宜把灵泉沃。德圆功备，大师名注仙箓。

又　指中庵性命次序

玄关一窍，理幽深、至妙了无言说。阴极阳生初动处，便是采铅时节。地下雷轰，山头水降，满地红尘雪。行功之际，马猿休纵颠劣。

霎时虎啸龙吟，夫欢妇合，鼎内丹头结。身外有身犹未了，圆顿始能通彻。郁郁黄花，青青翠竹，此理应难泄。为君举似，水中捞取明月。

又　赠陈制干

修真慕道，乐清虚、任意陶陶兀兀。富贵荣华都不恋，甘分清贫彻骨。名利俱捐，是非不辨，且把身埋没。真闲真静，谁知如是消息？

为言向上机缄，玄珠罔象，火候无时刻。一窍玄关通得透，顿悟非心非佛。情念双忘，有无交入，胎备元神出。眼睛开放，光明周遍无极。

又 赠胡秀才

亘初一点，莹如如、无相无形无质。不荡不摇常正定，直是断踪绝迹。变化无方，显微无间，妙理应难测。为伊言破，屏除缘虑尘识。

放教方寸虚澄，里头宁贴，方见真端的。三五混融心月皎，照破本元来历。烁烁圆明，如如不动，运化无休息。静中拈出，蟾光烁破无极。

又 指老蟾张大夫下手

金丹大要，不难知、妙在阳时下手。日用平常须谨独，莫纵虎龙奔走。心要安闲，身须正定，意在常存守。始终不怠，自然通透玄牡。

其间些子淆讹，为公直指，地下听雷吼。立鼎安炉非小可，运用斡旋凭斗。性本圆明，命基牢固，勘破无中有。老蟾成象，直同天地齐寿。

又 赠通庵

太初一点，本灵明、元自至纯无杂。执着些儿千里远，悟得只消时霎。方寸中虚，纤尘不立，何用调庚甲。承当得去，目前方信无法。

个中显诀难传，无名可唤，贵在心通达。信手拈来君荐取，无罅岂容针札。人我山头，是非海里，更要知生杀。养其无象，忘形灵地开发。

又 示众破惑

成仙捷径，在玄关、一窍四通八达。说与学人先立志，悟后只消时霎。可笑迷徒，不求师指，执着旁门法。般精般气，到头都是兜搭。

争知大道堂堂，坦平蓦直，也要师开发。会得善行无辙迹，玄牝自然开阖。一念无生，谷神不死，九转功周匝。脱胎归去，大罗天上行踏。

西江月 赠潘道人

真土真铅真汞，元神元气元精。三元合一药方成，个是全真上品。

动静虚灵不昧，成全实相圆明。形神俱妙乐无生，真谒虚皇绝境。

又 赠善友

至道本无言说，全凭立志刚坚。心常不昧究根源，一月千潭普见。

会取击风捕影，便知火里栽莲。任他海水变桑田，只这本来无变。

又 赠周守正

识破无人无我，何须求佛求仙。随时随处总安禅，一切幻尘不染。

选甚山居野处，何妨闹市门前。执中守正固三田，久久神珠出现。

炼丹砂 咏玄牝示众

玄牝少人通，说与诸公。休言南北与西东。不在四维并上下，不在当中。

阖辟妙无穷，天地根宗。生生化化运神功。动静机缄应不息，广纳包容。

又 示众

至道本无传，只要心坚。始终立志莫教偏。九载三年常一定，便是神仙。

真息自绵绵，灵地平平。饥来吃饭困来眠。夏月单衣冬盖被，玄外无玄。

以上《彊村丛书》用元刊《清庵先生中和集》本，参校光绪三十二年（1906）成都二仙庵刻《道藏辑要》本。

水调歌头　显性理

至道无言说，神功妙莫量。本来具足，添之无碍减无妨。不在多闻广学，只要潜通默会，定里细参详。个中端的意，元不离中黄。

圆陀陀，光烁烁，现堂堂。无余无欠，通身无象合真常。只这而今默识，便是当年弥勒，直下要承当。开放顶门眼，遍界不能藏。

《清庵莹蟾子语录》卷六

苗善时

苗善时，字实庵，号太素，李道纯门人。

步蟾宫

阳复乾纯阳姤午。象帝先、是吾玄祖。一气氤氲降甘雨。始恍然、火浮黎土。

无极极中诚密锢。玉龙蟠、幽囚金虎。主人轻鼓没弦琴，全不属、宫商律吕。

望江南

清高士，志道体真仙。养浩虚中吹玉笛，凝神真乐吸琼笙，清净莹心天。

离欲海，放倒我人山。玄素采阴魔畜道，娄公邪术执为玄，休效损丹田。

以上二首苗善时和吕洞宾词，见《纯阳帝君神化妙通纪》。

刘三吾

刘三吾（1313—?），原名如孙，以字行，自号坦翁，明湖广茶陵州（今属湖南）人。元末为广西静江路儒学副提使。明洪武十八年（1385），年七十三，召对称旨，授左赞善。二十一年（1388），升翰林学士。《明史》本传称其“博学，善属文”。

水调歌头　代赠蔡指挥

风露洗璇宇，星斗粲银潢。金戈铁马南下，山海入梯航。看彻潇湘烟雨，领取桂林风月，鹤去海天长。鬓白满城市，文武会黄堂。

镇江山，安社稷，奠金汤。庭皋万叶，声动尚想奏清商。净扫蛮烟千里，遥望红云一朵，玉立侍虚皇。事业宋余靖，家世汉中郎。

又　代赠前省都事，次沙伯玉

鄂垣老宾客，西夏旧名家。家传忠简诗礼，才德两堪夸。路入蓬莱沧海，时际云龙风虎，人物会中华。万里至南粤，一檄定天涯。

笑谈间，功业著，宦途赊。重来八桂，城郭乌巷日初斜。赞就中书政事，不负故家文献，腾踏骥中骅。见说近台府，行为是筑沙。

又　代赠前省宣使孙从善

旌旗蔽江全①，锋利总戈船。遥瞻王旅西上，胜乞压城边。最爱鄂垣从事，旧本南阳宦族，相与共周旋。谈笑策戎马，开辟旧山川。

羡君家，袍与笏，世相传。至今资阳江上，犹说大夫贤。令弟家声载振，故园桂林重到，华屋换神仙。翘首望云气，期到凤台前。

木兰花慢　代赠赵千户

羡汉庭充国，有后裔，振家声。正生际明良，胸襟韬略，座拥戎兵。时来龙泉出匣，焕虹光彻夜斗牛横。霜月令严鼓角，山河影动旗旌。

指挥留镇桂林城，部曲尽豪英。便生意津津，牛羊蔽野，鸿雁无惊。几年驱驰汗马，喜岭南一到即功成。事业奏完玉垒，恩光来自瑶京。

---

① “全”字疑误。

又 代赠指挥司掾于义方

伟家声烨烨，从汉代，说高门。是种德功深，流芳泽远，重见云孙。青年满怀经济，遇时来霄汉即飞腾。自是干将利器，何愁错节盘根。

远陪使节镇南藩，戎幕共谈论。有六案文章，千军笔阵，电走霆轰。边隅定因传檄，算都从心上起经纶。成就清疆事业，行膺宠锡殊恩。

又

说湖南好处，九阳外，一阴州。在湘浦北边，洞庭南上，罗水东头。□有名家令子，尚衣冠礼乐见前修。诸老风流云散，百年吾道沧洲。

澧兰沅芷忆曾游，往事总浮沤。向鹦鹉洲前，凤凰台上，缓带轻裘。携来应天佳气，为南中写出桂香秋。得意行当仕路，奏功大觐宸旒。

永遇乐[①]

带水簪山，榕烟荔雨，谁与佳句。南郡山川，阳春渊薮，有客偏能赋。梅关度月，桂林清暑，诗在荷香深处。楚歌里，

① 原作“求乐遇”，据词律改。

旌旗换色，惟有诵弦如故。

登城吊古，看山拄笏，尚想晋人风度。草就玄经，书成汉隶，公暇何多趣。笔端春蔼，日边恩重，满种碧桃千树。便从今、青云华武，立登要路。

百字令 代赠杨知事

关西夫子，是山河百二、挺生贤哲。清白传家今几世，又到荆州奕叶。才思阳春，胸襟云梦，人物冰壶洁。图南得意，遇风高展鹏翼。

好是参赞戎行，笑谈幕府，得此全城璧。独秀峰头天在上，朝暮寸心丹阙。满腹琅玕，万言经济，别有奇勋业。紫薇垣里，待君评品风月。

酹江月 代赠蔡千户

世家乔木，记中郎辅汉，功传今昔。天赋丰姿何卓荦，真个英雄无敌。虎变奇才，龙韬伟略，谈笑折冲城邑。几回马上，万人丛里如立。

赫赫师旅南来，桂林城下，眼底无全璧。拔帜先登凭气概，重见山河开辟。留辅华宗，抚绥边境，民物资安集。茂昭勋业，九重行有褒锡。

醉蓬莱　代赠指挥司掾刘翔卿

甚明时翼羽，鸿宝云仍，士林翘楚。笔扫千军，信才兼文武。桂岭云开，秣陵天近，一笑诸贤聚。潇洒毫端，雍容幕府，只凭三语。

为喜荆州，指挥使者，奉旨南来，镇安兹土。此日方城，感谢贤申甫。座有嘉宾，宾资贤掾，天与贤宾主。会看飞黄，即陪鸳序，前亲当伫。

满庭芳　代赠指挥司掾张子正

气压衡皋，胸吞云梦，一襟风月双清。才兼文武，草檄笑谈兵。况是留侯裔叶，运筹策、从事南征。人皆羡，云龙奋起，君亦早蜚英。

鹏程，风九万，抟霄健翮，径度蓬瀛。望薇垣诸相，下自瑶京。多少榕烟荔雨，知音到、付与诗评。青年好，功名有分，得意凤凰城。

大江东去　为袁孟臣诸公送赵仲威兴安尹回府

满城桃李，被风雨一夜，催将春去。锦片前程则见得，漓水花飞无数。柳色青青，游丝冉冉，画出阳关路。多情莺燕，可怜无计留住。

试问琴鹤清风，谁人知道，笑指沙头鹭。百里棠阴春树

（春树），皆谢薇垣恩露。载月船回，梯云天近，此去多奇遇。江山回首，仰看鸾凤轩翥。

以上见《刘坦斋先生文集》卷之十五，乾隆二十三年（1758）刻本。

李东阳

李东阳（1447—1516），字宾之，号西涯，明湖广茶陵州（今属湖南）人。幼以神童称，天顺八年（1464）进士，官至吏部尚书、华盖殿大学士。主导明代文坛近40年，形成以其为首的茶陵诗派。词不多作，《明词综》录其词一首。

浪淘沙

江上晚多风，且系孤篷。轻蓑细雨荻花丛。见说前溪波浪恶，休更匆匆。

此兴在江东，还似飘蓬，天涯白首画图中。把酒高歌从此别，何处相逢？

减字木兰花

孤亭落照，一片青山宜晚眺。枉渚回波，短棹何人载酒过。

只愁归去，蔓草寒溪无觅处。他日重游，记取前溪双树头。

洛阳春　题金瓶牡丹，寿罗冰玉五十

洛阳花入长安早，似天风吹到。绛罗高卷对罗郎，画与诗俱好。

一阳生处春先报，报先生知道。年年画里看花来，看花老，人方老。

雨中花 题画（四首）

正爱月来云破，那更柳眠花卧。帘幕风微，秋千人静，酒尽春无那。

迢递高楼孤寂坐，缥缈笛声飞堕。恨烛短宵长，院深墙迥，凭仗风吹过。

何处玉楼朱户，如隔暖烟香雾。荷芰池中，蔷薇架底，风落花无数。

三十年华容易度，薄命任他分付。恨承露盘空，茂陵人老，谁献长门赋？

庭下桂花如绣，门外月华如昼。云母屏开，水精帘卷，照见姮娥瘦。

记得中秋风雨后，今夜清风依旧。怕犀箸风高，玉杯露冷，空把仙裙绉。

二十六宫台殿，一夜雪华飞遍。旋扑罘罳，更窥疏绮，还绕流苏转。

人世几回惊岁晏，天上春光应现。想白雪歌成，冰颜醉也，谁见春风面。

减字木兰花　题画

危峰欲堕，岩背老翁方稳坐。落叶无声，树底风来了不惊。

只缘诗癖，纵有闲心闲不得。刚道忙来，世事何曾一挂怀。

浪淘沙　题牡丹

春去有余春，且付花神。天香满地不沾尘。报道夜来新雨过，雨过还新。

芳意比佳人，谁写花真。碧云为盖草为茵。刚道花王谁不信，疑是前身。

以上见《怀麓堂集·诗稿（卷之二十）》，嘉庆八年（1803）陇下学易堂刊本。

张 治

张治（1488—1550），字文邦，号龙湖，明湖广茶陵州（今属湖南）人。正德十六年（1521）会试第一名，正德十七年（1522）进士，官至礼部尚书兼文渊阁大学士，加太子太保衔。

沁园春 送刘春冈总宪留台兼补怡椿赋

画省仙春，尚书旧第，庭畔云开。□□□□□□□□□□□□接武，今喜重来。四十年间，秋卿两世，海内名门有几哉？堪怡处，爱清阴如旧，编动吟怀。

拜恩遥总留台，根本地，帝命老成才。看朱辇蜚熊，锦袍拂豸，风清江左，霜冷秦淮。玄武湖边，钟陵山下，一任诗情对酒杯。听星履，便归来天上，笑近台阶。

又 送郑于野银台之金陵

闽海壶山，鸠灵毓秀，世产豪雄。仰先朝素老勋庸，后峰继起，迩来于野，犹有遗风。青琐三阶，皂囊千牍，十载垂绅侍衮龙。果然□，睹凤鸣晓日，鹘击秋空。

忆从校试南宫，羡梁栋兼收得士功。喜银省新御，金陵遥下，锦帆春发，江柳初浓。佳丽山河，神仙官府，时可看花碧水东。登临处，倘怀人天北，莫惜诗筒。

以上《张龙湖先生文集》卷之十五《诗余》，雍正四年（1726）彭思眷等浙江刻本。

龙 膺

龙膺（1560—1622），字君御，号朱陵，别号纶叟，湖广武陵（今属常德）人。万历八年（1580）进士。历官南户部员外郎、山西参政分守河东道、南太常寺卿。

摸鱼儿[①] 和辛弃疾（四首）

衰却摸棱手，缄却雌黄口。更消磨往日，气冲星斗。思量生计，肯落风尘后，富贵谁能久？看梦熟黄粱，恰难道，醒时还有？

好笑我，冯唐白首。何如归作田家叟。问明日阴晴，今日能知否？且种陶潜柳。野老来寻，索整备、池鲜瓮酒。

毕卓持螯手，谢沦吞杯口。更汝阳无赖，入朝三斗。风流千载，忝厕诸公后，饮者名偏久。任幕席乾坤，到酩酊，胸中何有？

---

① 辛弃疾有《一枝花·醉中戏作》一词："千丈擎天手，万卷悬河口。黄金腰下印、大如斗。更千骑弓刀，挥霍遮前后。百计千方久，似斗草儿童，赢个他家偏有。 算枉了，双眉长仍皱，白发空回首。那时闲说向，山中友。看丘垄牛羊，更辨贤愚否？且自栽花柳。怕有人来，但只道、今朝中酒。"据此，四词调名应为《一枝花》（又名《促拍满路花》，多体）。

爱杀那，习池岘首，接罢倒着襄阳叟。问碌碌忙忙，能似醉时否？弱质怜蒲柳。潦倒一官，只索乞、兵厨美酒。

势热堪熏手，威重能钳口。更青天白日，瞒星昧斗。那知黄雀，已在螳螂后，枉自图长久。到撇下妻儿，只落个，千般没有。

黑答窟，捐躯丧首，庞眉空羡渔樵叟。问月夕花朝，明岁还同否？霜雪欺衰柳。十万青钱，索早付、垆头换酒。

翻覆如刀手，簸弄如簧口。更偷天换日，胆大如斗。附热趋炎，恐落时名后，计作千年久。却露尾藏头，所事儿，将无作有。

热闹里，谁能回首？等闲绿鬓成皤叟。看世态机关，到底谋成否？叹息春明柳，送别年年，能几个、欢然对酒？

又　用前韵赠朱太史元介（二首）

笔扫龙蛇手，气吐虹霓口。更千寻光焰，直冲牛斗。礼乐三千，董贾争先后，鏖战文场久。喜及第传胪，只听得，一声臣有。

谁不羡，鹏搏鳌首，校书天禄青藜叟？问入直看花，影过八砖否？兽锦翻宫柳。脍赐蓬池，又敕使、黄封御酒。右及第。

文出为楼手，诏代如纶口。看乘槎银汉，直凌星斗。玉带麟袍，千骑纷先后，海外名传久。羡道骨仙风，早赋就，一篇希有。用李白事。

宣制日，夷王稽首，高呼万岁齐童叟。讯上国人文，能几如君否？春色迷花柳。执经问字，卖弄你、百篇斗酒。右奉使朝鲜。

浑不似 集曲牌名，元夕作（二首）

临江仙，赏花天。斗宝蟾，卜金钱，侍香玉女教传言，把仙灯玩。歌珠串，声声慢。酒双劝，凤凰台上吹箫伴。

皂罗袍，庆元宵。吹玉箫，月儿高，太平年里醉陶陶，看园林好。锦缠道，筝笆揽。五更闹，银灯剔起金樽倒。

瑞鹧鸪

花发东园画掩门，娟娟翠条长龙孙。莲能结子贪栽藕，草为宜男爱佩萱。

明月珠怀添玉软，辟寒钗挂助香温。窗前几树疏梅影，役尽四罗浮梦里魂。

最高楼 庚戌五十初度，功德母庵礼佛自寿，和辛稼轩韵

春华烂，桃柳满秦川，龙象集经筵。香山白傅原仙隐，辋川摩诘自诗禅。让吾庐，山叆叇，水潺湲。

更十岁、平津方入对，又十岁、营平方出塞。空潦倒，不如还。何须肘后将军鹊，何须头上侍中蝉？愿长年，被衲礼金仙。

踏莎行　送不磷公琰夜还郊舍

月挂江楼，烟迷村墅，荧荧宝蜡寻归路。可堪衰草响秋蛩，零零露冷梧桐树。

火灭鱼梁，鸿鸣古渡，砌成旅恨应无数。刘郎莫共阮郎愁，无情水逐桃花去。

满江红

过眼东风，才半月，梅舒萼绿。对四壁，图书万卷，伴人孤独。狂客夜来辞浊酒，挑灯共把残编读。喜松梢，月耿照湖山，光如玉。

瀍水上，骑黄犊。雪岩畔，骖元鹿。这烟霞泉石，此生饶足。漫叹蛾眉空自老，须知凫胫终难续。享无边，清福挂渔蓑，桃溪曲。

木兰花令　和山谷韵（四首）

前身应是天宫谪，闯人龙华分半席。如今判作息心人，随您霜飞毛顶白。

胡僧两眼横空碧，觑破风波名利客。终年何事太忙生？历劫乾坤敲火石。

一官鸡肋三番谪，奔逐车轮无暖席。天公怕作是非人，懒向个中分皂白。

层楼一眺湖天碧，物外百年权作客。闲来饱饭淡生涯，牵取泥牛耕片石。

平生快意图书乐，胸有几车无处着。维摩一默雨天花，笔阵词锋都扫却。

朱颜凋谢心非昨，闭阁高眠甘寂寞。逃禅不问旧高阳，几树梅花聊自酌。

村居受享清闲乐，山色溪声贪不着。彭殇夷跖总空花，意树情根都铲却。

朝来朝去成今昨，捉鼻东山须再莫。临风遥谢拾遗人，诗任吾吟杯任酌。

朝中措　咏梅（二首）

参差临水出名姝，弄影湿琼琚。瘦骨泠泠束素，酡颜冉冉含朱。

瑶华无数，待趁檐索，笑跨蹇提壶。爱傍风流东阁，何须憔悴三闾！宋人有“《离骚》忘却梅”之句。

池头老干吐奇芬，带云褪微醺。漫比徐娘妖艳，犹饶洛女丰神。

前墀双树，更柔条嫩，蕊玉栗香温。篝卧寿阳妆额，栏凭蜀阁销魂。

水调歌头

弱龄登一第，三十六年过。同籍弟兄强半，薤露北邙阿。富贵幻如花样，怎奈朝乌夕兔？飞织不停梭。输却桃溪叟，华发尚婆娑。

苍松下，青精饭，紫芝歌。领取草衣棕笠，游戏伴禅那。五十五年皆梦，从此饱餐霜雪，濯上狎鸥波。闲心常自在，住世老维摩。

菩萨蛮

少林石壁空留影，曹溪衣钵凭谁领？春到百花开，优昙何处栽？

西来重说法，三尺金刚塔。一棒最无情，孤峰月再明。

又　望冯元成使君至

驿书传到南来信，江南梅柳东风迅。芳草唤回春，吟魂偏搅人。

青溪朝倚阁，矫首云间鹤。可是待君来？溪花尚未开。

朝天子　春日倚楼，迟周君和不至，时君和将别

风颠雨颠，狼藉桃花片。芳洲何处系归船？独倚小楼倦。渚叫孤鸿，梁飞双燕。叹浮踪，各一天。松烟柳烟，总织离人怨。

红绣鞋

叹世事几场蚁斗，判生涯一领羊裘，快意烟波木兰舟。醉眠临妇酒，笑狎海翁鸥，逍遥纶野叟。

以上《龙太常全集·纶瀀诗集·诗余》，光绪十三年（1887）武陵龙氏刻本。

陶汝鼐

陶汝鼐（1601—1683），字仲调，号密庵，宁乡人。崇祯六年（1633）举人，两中会试副榜，选广东新会教谕。明亡后投南明，授监军，改检讨。入清后曾隐居大沩山，号忍头陀。后因参与反清活动，系狱数年，始获释还籍。

满江红　山居

五柳先生，居亦似、愚溪盘谷。有古松流水，送青环绿。几嶂高峰对小楼，云来惯满疏林竹。戛琅玕、清应弄朱弦，潇湘曲。

蔷薇露，多生沃。黄粱梦，今朝熟。忆旧时海上，秽情高躅。须信忘忧三径好，拈来尽有佳题目。问陶家、赊酒对何人？东篱菊。

一剪梅　山居秋日

秋水新晴雁字横。私展南华，要注庄生。人言非是读书时，剥啄催租，且咏贫□。

闲踏梧桐落叶行。重理商歌，坐看棋枰。此身身外总无余，攻破愁城，又守书城。

行香子 野兴

道是桃源，又似荚湾，共寻春花照衰颜。黄莺树底，朱鸟窗间。尽野人痴，诗人放，道人闲。

飞云卷雨，踏歌归去，明月唤，整纶竿。平生佳话，总得疏顽。有田家乐，渔家傲，酒家欢。

渔家傲 湘中渔父

惹棹菱丝随意绕，声声欸乃湘江渺。直钓无鱼心自晓。空归好，蓑衣当酒从他笑。

明月径穿潭底浩，不须楚竹惊相照。天上浮云天自扫。便宜了，严陵只在巴陵道。

少年游 秋雨

梧桐零叶，芙蕖正蕊，风雨乍寒增。纸帐宜温，沉香惜炙，空忆旧吹笙。

秋阴潇碧秋溪冷，听鹤警残更。几上庄骚，不妨经世，世自弃君平。

水调歌头 怀人月夜

明月不妄映，把酒正当歌。对此蒹葭秋水，风细有金波。

我欲乘舟天上，直入广寒高唱，一拍醉嫦娥。只恐人间曲，缥缈隔云多。

戏曼倩，狂太白，快东坡。诸君安在，招来共醉舞傞傞。不怕英雄仙佛，不怕升沉今古，笑傲待如何。好听凌空啸，鸾鹤夜经过。

小重山　闺情

谁染红香土袖罗？花间双燕子，掠人过。懒将眉黛画新螺。临镜了，纤手弄云和。

花落触莺梭。欲寻幽梦处、怕南柯。怯时还自按胸窝。呼小玉，相伴绣维摩。

南乡子　乙卯九日和东坡韵

平野稼云收，霜气先寒杜若洲。帽落却随枫落冷，飕飕，拟剪芦花制衲头。

佳兴古难酬，老杜偏伤宋玉秋。莫问茱萸今日女，休休，今日龙山望也愁。

踏莎行　寄筠浦

丹橘村边，碧波明处，依稀记得幽人住。一园高竹罨池亭，秋香多在芙蓉路。

送雁迟云，观鱼沫雨，凭阑话尽闲情绪。如今悬橘似昨年，几时更跨青骡去？

菩萨蛮　木芙蓉

伊其芍药扶疏缬，露香独濯秋江色。霜信只微寒，要先枫叶丹。

骄晴柔更艳，醉雨愁他变。不用赋倾城，新欢石曼卿。

临江仙　怀旧，庚辰正月

记得秦淮楼上夜，词场同挟娉婷。映红春雪绕梁声。妮人偎暖玉，小字亦双成。

更是一秋秋正半，云岩良夜三更。繁弦散后佛灯青。洞箫和妙曲，明月可中庭。

鹧鸪天　咏芙蓉

玉露虽多不洗红，琼瑶空拟琢花容。只今青女来时艳，都与仙人掌上同。

临水立，淡还浓，相窥无意在墙东。谁知耻附莲花貌，长带风霜媚菊丛。

鹊桥仙

愁心江上，秋声窗外，尝有美人来暮。金风玉露夜如何，便催起红妆无数。

裁霞作帔，糁霜为粉，记取染衣佳遇。隐娘舞罢更余香，珍重绕床花落处。

画堂春　残梅

残梅春半尚临池，弄晴带雨霏霏。群芳如寐望松溪，还似寒溪。

炉里水沉香烬，风前独嗅梅枝。不妨花信误鸿归，缓得春归。

满江红　和晦庵韵

平地荆蓁，尽一辈、时流捷足。非顾得、头上天公，暗操伸缩。多少名场夸阔步，刚才凑着云翻覆。莽鸱张、断送百年身，空劳碌。

卑莫厌，松间屋。高莫羡，台阶禄。算封侯岂到，贤良科目。寄傲南窗常读易，输他宝贵赢他福。不曾□、惩忿久陶然，还窒欲。

青玉案　兰芽

荷钱汩汩浮梅雨，懒得恨、春归去。燕子双翻新霁羽。绮窗斜见，碧丛深处，簇簇兰芽吐。

笔花玉笋能如许，更领袖湖南芳茌。臭味平生谁似汝？纫佩疑秋，抽簪忘暑，一寸同心语。

又 筠浦雪中馈鱼

霜晴日热江波损，喜雪解、鸳鸯病。几曲阑干新玉凝。闭门炊黍，拥炉煨芋，谁破陶然径？

故人念我来佳讯，鲅鲅红鳞裹澌凌。佐酒得鱼增逸兴。脍丝银钿，错刀令令，思对陈遵饮。

满庭芳 山居

排闼青山，环村流水，几时踏破苍苔。野人心住，云岫共徘徊。多少兴亡旧恨，都一任、汉马秦灰。草窗外，松花数树，香雾扑瓔杯。

翩跹谁过我，银瓶指点，一笑登台。说麻姑近信，怕浅蓬莱。那管神仙幻梦，清尊倒、湘簟酣哉。君今去，明朝有意，更望抱琴来。

又 雨后山居寓意

翻燕回风，银河掣雨，北窗得个新凉。碧纹湘簟，轻展读书床。随分林泉清梦，惊觉也、雨后斜阳。古松外，奇云数叠，蝃蝀竟天长。

海鸥相对浴，移情一曲，机事都忘。喜松涛暂静，独送荷香。何处冰桃雪藕，壶中比、宴取长房。吾庐好，空庭浸月，宛在水中央。

雨中花 咏燕

冲落桃花红簌簌，更翻上、碧阑几处。说轻暖轻寒，春情络索，剪剪双飞玉。

信是身才胜雾谷。且随分、玳梁华屋。但阿阁分巢，空庭同舞，不用樊笼蓄。

洞仙歌 桂花

露盘夜冷，想玉香无汗。甚处浓熏麝兰满。是嫦娥、月窟天女相邀，过鹫岭，金粟座中花散。

倚兰芳树下，添个同心，臭味平生逼银汉。把匡床闲扫，鼻观新参，天香细、不教零乱。漫记取当年惹衣情，早已被南宗，晦堂偷换。

蓦山溪 春兴，和先辈易山斋韵

碧桃溪上，听得花间语。春色被谁关，不教出、琼楼玉宇。美人遥忆，馥馥凭栏干，莺啼霁，鸠啼雨，一任春张主。

寻芳选胜，堤柳新铺絮。斗酒佐双柑，石桥边、天台旧路。御风振袂，佳伴采芝来，桃花笑，杨花舞，问客来何暮？

金橘对芙蓉　莲花

窗草青深，庭槐阴满，野塘香艳浓时。正闲调冰碗，倦整金徽。凭栏望尽凌波步，似洛神、翠绕珠围。水晶屏外，立残红露，不湿仙衣。

漫道有恨谁知，自宝昙标格，未堕情痴。任词场描邈，解语依稀。最怜一片芳心苦，更与予、道味濂溪。风轻月冷，听他瓣落，思入清微。

菩萨蛮　梨花

高花夜浸春池月，晓窗风急飞晴雪。山雨惯黄昏，幽人愁闭门。

玉肤偏淡白，押得群芳色。莫逐晓云寒，东坡春梦阑。

醉蓬莱　看白云

渐奇云厌巧，幻作银山，叠呈新制。三素征灵，应少商佳气。鹤羽斜翻，鹭翿分舞，变镂琼堆毳。似海惊潮，如峨立雪，画图难替。

莫把秋云，比人情薄，倾刻巉凝，看他浓砌。移我松窗，对千寻昆璧。信是家常，岭头惯有，咏美人天际。汾水方遥，嵩高无尽，向谁持寄？

点绛唇 小睡

深树凉飔，白云高映青松杪。看书双眼，移向白云表。

眼倦西窗，午睡惊啼鸟。真孤调，黑甜初密，刚到华胥晓。

好事近 七夕后频闻鹊噪

听断啭黄鹂，高木独喧灵鹊。终日不教飞去，响一林丘壑。

新从银汉看双星，好事向君学。人在晚凉书未到，灯花重萼。

踏莎行 看落花寓意

草长蛙鸣，柳深鹭语，桃源欲觅无寻处。断魂江北□江南，碧桃半是当年树。

好梦难成，留春不□，□□岂独桃花雨。群英忘却是谁栽，幡然尽□□□□。

以上《荣木堂诗集·诗余》，1920年沩峤遗书馆刻本。

王　岱

王岱，字山长，湘潭人。明崇祯十二年（1639）举人。入清，历官随州学正、京卫教授、澄海知县，荐博学鸿词科。有《了庵词》一卷。

千秋岁引　立春

花信风微，春迟日薄，屈指东皇滞天末。枯杨有情自起舞，残梅泫泪还开落。燕巢倾，莺雏小，岁虚过。

寒满雪堂云作卧，烟满竹扉天垂幕。浑似虚舟逐风舵。山家但书陶甲子，山农怎效商山乐？放牛归，牧羊去，思无奈。

前调　五日遣闷

续命虚传，辟兵无计，九节蒲花开也未？篱前石碏漫含唇，柴门艾虎空张翼。任雌黄，同椒酿，难余醉。

也不须龙标骋技，也不须怀沙溅泪。千古逢场总儿戏。当年东涂西抹事，而今让彼诸儿辈。水穷时，云起处，悠悠睡。

贺新郎　同家北山、贺天士中顶观荷

绿野堪消夏。有城南、浣花亭榭，槿篱藤架。连昌竹色词难尽，凝碧歌弦未罢。风景依然谁共话。回首青苍天寿在，似惨淡烟云天宝画。欲吊古，思无那。

倏忽牛车群辗轧。尽鸠槊、交头椎髻，遗巾躜袜。唐突花神羞不语，似风姨唾骂。兴未尽、难回吾驾。竟问碧霞仙怒否，正弓刀系马垂杨下。登庙庑，空惊讶。

前调　山夜月

重路涓涓泻。看庭空、竹凉阴转，半檐如雪。几点疏星天外炯，渐向河桥影怯。绿烟灭尽清晖接。算自古阴晴寒暑，似蟾光未损圆和缺。漫把酒，问天也。

子规夜半犹鸣咽。只区区、旧恨难泯，不干清血。客久无眠胡床倚，长啸唾壶敲折。又恐被、山魈听窃。潜踏尽梧桐碎影，跂跂脉脉瞻天阙。东壁里，晨曦彻。

前调　寄蒋慎斋督学

江汉滔滔久。忽烽传大别，磷生岘首。近喜铙歌宣露布，仍贡包茅缩酒。正文星、辉煌北斗。云白鹤黄重涤面，看梅花涌月还依旧。庾公兴，公如否？

胸中云梦吞八九。似当年张乐，直把钧天雅奏。更听湘灵来鼓瑟，不必扶风舞袖。九面峰峦天外秀。巨野苍梧齐耸翠，自是云开廓清时候。昌黎子，人今又。

满庭芳　赠家北山

白首青毡，黄驴皂帽，半生淹蹇冰霜。出头无地，虚负几时光。何事复来燕邸，风尘里、逐队奔忙。无聊甚，残杯冷炙，偃仰费趋跄。

知音宁有几，虚怀亮节，气谊文章。有乌衣谱系，青琐名扬。漫道霜飞白简，吟咏处、霞蔚青箱。私心幸，投分针芥，肝胆欲相忘。

前调　春恨

斗柄初移，青阳犹稚，乍晴烟霭凄清。天心无奈，留滞岁寒情。多负迎春翠萼，早零落、雨雪霜冰。荒郊里，连天衰草，磷火劫灰生。

年来无赖甚，拈花泪溅，踏草魂惊。尽收拾闲愁，大梦须醒。世事何劳问也，回首望、依旧山青。灰心处，邻鸡野哭，停午两三声。

越溪春　己丑一冬无雪，春初再雪，因拟各词（六首）

一夜袁庐都压尽，篱落逐风沙。芦花扑被坚冰透，睡不稳、凄楚寒鸦。破履沾残，角巾点乱，韵助煎茶。

生柴带叶频加，残火拨芋芽。饱来临水清浅极目，暗香疏影人家。驴子过桥忘蹇足，诗思在寒花。山庄

二十四番花信始，六出坠琼葩。散花天上怜春女，连晓夜，天鼓频檛。怒激封姨，情深织女，剪彩天涯。

芳心应爱张夸，点染早春华。正哀梨未蕊李未萼，因风柳絮无(茅)[芽]。一夜小窗瘦影，相伴独梅花。园林

垂白燕颔投老去，呜咽玉门关。节麾落尽羝无乳，从不复、得睹天颜。西垅鹦哥，华胥燕子，空忆长安。

胭脂失我天山，惨淡几烟鬟。看沙漠满目塞草白，青留得汉坟难。冻彻一声芦叶卷，珠泪落潸潸。塞垣

十二玉楼初造就，宝气彻寒烟。少年狡狯麻姑戏，弄鸟爪、璧碎珠圆。琼液浆余，胡麻饭屑，流到花源。

蓬丘一别何年？满目变桑田。看飞真九老种种鹤发，煞时聚首承渊。承渊，王母所居山名。常满夜光明照夕，夜光常满，昆吾玉杯名。玉醴饮甘泉。玉醴泉，在瀛州。道院

天似有情天亦老，云想白苍颜。回廊赵女中宵待，偎素体、温润无寒。广袖石花，玉壶冰泪，再得人难。

琉璃屏幛高栏，对面识香鬟。奈香风不度手误拂，始知人隔屏间。纤手略挥尘麈滑，玉色一齐看。闺中

浪鼓冯夷风作阵，白战大江东。水晶宫堕鲛人泣，青不见江上遥峰。南幸龙舟，擒吴鹅沼，黯淡云同。

堪哀穷士芦中，白发太匆匆。伤心吴头楚尾水远，茫茫天际孤蓬。谁似笠蓑渔父暇，寒卷钓鱼筒。江上

临江仙　过无过命作深柳读书堂图

春色青青烟弄影，秋声风起萧萧。尤宜雨暮与晴朝。月明酬李影，雾重折陶腰。

穿尽绿阴阴欲碎，孤吟几弄柔条。最堪随意挂诗瓢。翠生初瀹茗，碧映未编骚。

西江月　题画

山面雨余深绿，柳梢霜落微黄。无边秋色在江乡，尽付渔家收掌。

稚子烹鲜击火，老翁踏地呼觞。半醒半醉半猖狂，人在志和以上。

前　调

和苏子瞻春晓词。祠在蕲黄，后人立亭，名曰春晓。杨传人新之征诗纪事，因赋。

赤壁文章海外，峨眉秀色云霄。大江东去浪淘骄，几许英雄荒草。

当日蹉跎谪宦，至今唾咳琼瑶。天津杜宇尚啼桥，长恨春深不晓。

前 调

柳絮歌残日暮，朝云肠断春宵。雪堂人去牧驺骄，处处天涯芳草。

旧感不堪重赋，新词总愧琼瑶。年年燕子诉河桥，无复楚江春晓。

满江红 送林朗山官晋宁

九牧家声，算华胄、中原第一。更宅相、台山外裔，文章经国。湖海气豪天下士，英姿磊落髯如戟。要崎岖、九坂立功名，驭重叱。

黄河水，地中劈。太行岭，天横壁。见山河表里，陶唐遗迹。要访傅岩良弼梦，懒寻姑射仙人室。待为霖、作楫事功成，方愿毕。

前调 神绣，为谢仲玉咏

巧夺璇玑，摩挲尽、寸丝千绪。尽着意、轻描淡写，挥毫无处。心手似忘针与缕，精神直透缣和素。叹从前、绣阁漫标题，名称顾。顾绣为国朝第一手。

无似有，花香度。断复续，游丝吐。是蜃晴海市，拟烟非雾。宋玉小言殊未甚，秋毫欲乱离娄目。问夙根、何地得钟灵，湘江绿。

前 调

白门迎春，同吴既闲、杜于皇、胡孝绪、程穆倩、刘杜三、陶仲调、唐存之。

点破残寒，东风暖、为催春早。听深巷、卖花声乱，绣帘妆晓。金缕檀槽歌杜丽，松茵油碧迎苏小。看人忙、如蝶苦销魂，知多少。

年如旧，人空老。无情事，多情恼。叹六朝如梦，又生芳草。天自伤心天不语，春惟有恨春难好。愿从今、一洗可怜肠，金樽倒。

念奴娇 曹禹涛招集家园花下

花开已毕，止一丛竹树，数丸顽石。更笑夭桃贪结子，半被螬蛴残食。树下移樽，低枝碍肘，蚁瞟杯狼藉。子猷兴尽，看竹匆匆归疾。

多少平原坐客，眉横鼻竖，记一先忘十。刻羽引商谁妙手，得似词场柳七。聊向□田，听歌击筑，胜时贤争席。放鸢图就，只欲偿君酒炙。时索余画。

前调　赠叶慕庐

名场衰倦，又何得得，这风尘憔悴。一瞬故交零落尽，满眼新知未识。懒逐时流，怕闻阿唸，无计相回避。何缘风雅，济济素心同志。

闻道十子齐名，高悬奇句，洛阳真纸贵。此道江河日趋下，此际真才难值。往恨前贤，无人见我，今恨无人替。惟君不忝，老夫当让头地。

前调　赠妓

胜情何处，记幽情静致，善和坊里。燕市东抹西涂尽，恼煞不堪弹指。蕙性兰心，繁弦急调，却把烟华洗。时姬妖艳，对此清真愧死。

休问芳年有几，徐娘老去，自风情难比。野兴鸿飞无爪迹，不似泥粘落絮。我见犹怜矣，何况老奴，看垂镜发。傍人谩笑，诗人潦倒如此。

南乡子　灯影

曾有持美人四影诗见示者，余和之，更去一切故实，为用淡笔白描。唐魏子见而极赏之，一和再和，并欲余作转语，乃有此赋。

梦转西窗，剔尽残膏卸夜妆。凝是离魂同倩女，微茫，分得依身作一双。

昔解罗裳，阿膝深含豆蔻香。略露鸡头新乳滑，难忘，隐约温柔在那乡。

前调　灯影

蕊浸明膏，静忆关心彻夜挑。伶取画屏轻袅样，飘摇，欲唤阿谁倩笔描。

略绽樱桃，芳气微吹冷艳摇。浴罢香光光占壁，魂消，怪得檀郎隔幕瞧。

前调　月影

素魄凝空，暗逗轻盈度绣栊。无限韩香浮动处，朦胧，疑是梅花窗外红。

露濯华浓，缭乱云鬟压鬓重。避就花阴羞伫立，悾憁，怕有人窥曲槛中。

前调　月影

倚槛迟眠，不觉花阴恼乱偏。刚好成三芳砌里，轻烟，一半婀娜不尽传。

缓侧香肩，闲扑流萤拾堕钿。仿佛石花裙子动，堪怜，过尽幽香即悄然。

前调　水影

细语临流，眼底微波各逗秋。妖艳流鱼真个否，伴羞，骇得游鳞不上钩。

荡漾池头，罗带风飘不自由。挽取垂杨扶素手，悠悠，却让腰肢一半柔。

前调　水影

红腻流霞，荡漾芳香泛落花。香气疑花花却少，侬家，玉手纤纤自浣纱。

素渚无瑕，罗袜轻沾底样加。怪煞游人量短窄，频夸，一对鸳鸯印白沙。

前调　镜影

玉照玲珑，妾至依依妾去空。空有芳容无处觅，相逢，恰在菱花阿堵中。

写照都工，莫道无情一片铜。薄是照媸情照好，难容，岁岁朱颜浑不同。

前调　镜影

佳丽谁同，画里传侬不似侬。貌得如花能解语，青铜，露出前身半面容。

宝髻斜松，多少魂消不语中。憨煞画眉人最少，情钟，爱并香肩倚绣栊。

潇湘逢故人慢

庚寅正月，谢仲玉过访。仲玉伤感举家丧于乱，并念时事，不胜涕零，乃有此赠。

春王正月，算又更寒暑，别是年华。江山旧，人民改，归来华表，丁令无家。一身空在，便千年、岁月非佳。幸留得、素心三五，比邻亦似天涯。

杯阑处，耳热后，一时回首，溅泪共看花。念风流云散，似衰柳残阳，零乱凄鸦。古今何往？但空赢、故纸相夸。樽罍更酌高歌醉，眼前休负流霞。

前 调

杭婢秋娘者，程子奕先之嬖姬也。其家人俟奕先来燕而遣之，此程子伤秋之所出赋也。诸词人争致词，余谓秋娘胸中，正不尔尔。乃代拟答词，程子何以解嘲。

绿肥红瘦，正如花燕赵，说甚悲秋。朝翻云，暮翻雨，人前卖弄，动则离愁。东君有主，便不教、杏出墙头。从今日、为郎憔悴，又端的为郎羞。

背娘行，图密约，柳腰偷抱，罗袜潜钩。念几年生受，似吞莲哑子，不语风流。河东余恨，再休提、金屋风流。眼前依是新欢乐，鸳鸯胜似沙鸥。

前　调

痴心鹦鹉，漫琶琶相唤，依旧楼头。西陵畔，青松下，同心结子，别有风流。侯门一入，看萧郎、陌路悠悠。笑无端、留春无计，逢人浪说伤秋。

心儿里，脸儿上，生来不解，这剩想闲愁。那合欢好梦，难轮到汝我，旧日鸳裯。劝君词赋，愿从今、一笔都勾。杨枝纵被他人折，樱桃正好藏收。奕先尚有侍儿。

青玉案　都门送夏兰谷还孝感

人生得失须安数，幸莫伤怀嗟不遇。文章自古无凭据。鼻横眉竖，朝三暮四，多把英雄误。

千秋大业书当著，狗监声名何足述。灶下中郎尤可恶。衡门泌水，读书谈道，自有成名处。

乌夜啼

约初春过津修山庵不果，柬之。

虎溪三啸谁同，有陶公。白社攒眉何事但闻钟？
烟雨重，花信逗，落梅风。满眼柴桑春色即诗翁。

无俗念　警悟

二三年内，始悟六根，假合乾坤缺。水火风灾都历遍，只有性空无劫。蝴蝶梦魂，蜣螂丸弹，颠倒劳生客。算来今古，电光石火瞥掣。

不同如面人心，被小儿造化，一时增设。魂魄贤愚都聚敛，松柏北邙相接。谁是谁非，谁真谁假，只好鸿飞雪。笑看冥理，灵光时照双颊。

望湘人　戊子五日吊三闾

念行吟有故，被放无聊，一齐都付湘渚。世上难容，黄泉仍妒。几被蛟龙搏黍。楚些哀多，湘灵骚在，到今还苦。看汨罗、竞渡争先，尤胜九招如许。

谁识江山未老，奈人生不永，楚怀非古。任贤士谗人，一瞬但存黄土。芳杜怎似艾萧荣，吐天意分明无主。当年持此悟，三闾应不似，随波渔父。

眼儿媚　别家

单装只剑又征衣，挥手各东西。一天烟晓，满江寒水，几店霜鸡。

算来名利成何事，年少苦抛离。凭将肠断，揾收泪眼，割去情痴。

一剪梅 同吴既闲、刘杜二阳山公饮王吉女郎宅

一榻高寒入酒卮。月影霜吹，梅影香吹，黄衫翠袖古今稀。遇莫遇兮，乐莫乐兮。

座中狂客我情痴。朱碧支离，醉墨淋漓。怜卿卿不必心知，半面邪溪，一哭邻姬。

鹧鸪天 惜别

一曲骊歌不忍闻，新啼痕间旧啼痕。傍人那解伤心处，不语人前自断魂。

空负却，好青春，花残月缺几黄昏。琵琶此夕谁家调，应湿青衫感旧恩。

前 调

别后音容杳不闻，枕前空有剩香痕。无情最是离人梦，不见香车到旅门。

知何日，再寻春，难挨如许那黄昏。纵然留得章台柳，只恐长条半折人。

前调 和程奕先赠张云生韵，云生别号海棠

恼乱苏州刺史肠，游蜂浪蝶总成行。春伤翻作悲秋意，风

雨凄凄忆海棠。

单比目，失鸳鸯，愁来央个醉为乡。免教惆怅天台路，无那桃花媚阮郎。

前　调　（五首）

莫道无情也断肠，温柔端的个人乡。娟娟秋色清如许，不比无香铁海棠。

思打鸭，惜鸳鸯，安排憔悴泪千行。侯门纵使深如海，自有琴心司马郎。

何处猿啼断客肠，湘妃缥缈是吾乡。年来春睡浑难足，着雨胭脂困海棠。

教鹦鹉，唤鸳鸯，浔阳江上泪成行。不如早作商人妇，免得呼张抱李郎。

冰雪文心锦绣肠，征歌顾曲有周郎。乔家姊妹知名否？应把风流属当行。

善和里，莫愁乡，空悬五蕴浴鸳鸯。章台已折青青柳，厌看杨家醉海棠。

如戟髭髯铁石肠，岂知天壤有王郎。昆仑奴有飞垣技，采去长生睡海棠。

行香子，踏莎行，玉钗金篦锦鸳鸯。傍人莫笑高唐梦，梦到高唐是故乡。

寄语多情柳七郎，松茵油碧漫成行。浅斟低唱成何事？纵有花枝不断肠。

红粉阵，酥醧乡，等闲羞煞野鸳鸯。秋来雨后添秋思，浅碧深红让海棠。

前调 黄鹤楼和陶燕公韵

偶逐骚人诗酒缘，新晴周览旧山川。云中苍狗时时变，浪里梅花个个圆。

呼老竖，问顽仙，此间经历几沧田？崔家诗句曹家字，屈指浮名不数年。

前 调

愿着仙人驱石鞭，移楼下置卓刀泉。滔滔江汉中流砥，不使狂澜势拍天。

碑无字，岭无仙，不将游屐恼山川。秦皇汉武成何事，李白弥衡亦枉然。

前调 题画

横石斜西竖石东，横摩人面竖摩空。探奇屋架山隈里，更上山隈看远峰。

无个伴，绝人踪，梅花历乱冷烟中。经霜冒雪仍含笑，不晓炎凉是此翁。

雨霖铃 春雨，魏子过山庄

早春寒冽，密风凄雨，历乱村舍。东篱竹空烟满，篮舆到处，翠沾青拽。执手须眉云冷，向寒炉难热。算自古、清兴谁双，孤桨山阴风雪夜。

幽人往往肝肠别，欲寻花问草将诗猎。残英嫩藻无数，春水满、清池如月。溪上草堂，此景、惟孤与使君说。更别有、天外遥青，临去相贻悦。

汉宫春 赠妓

恣态横生，是海棠秋尽，雨过垂丝。似怜似爱似惜，一种情痴。琴心司马，对芙蕖、远淡山眉。相逢处、消魂无奈，沉吟不语移时。

闻道赤绳已定，叹小杜寻取，春色何迟。空将洛神妙想，谱入哀诗。移花接木，这神工、凭仗阿谁？犹私拟、荷丝未断，因生果带连枝。

前调 再赠

巧合佳期，是夙缘未断，系足红丝。疑真疑醒疑梦，乍见如痴。昨朝心上，到今朝、眼底舒眉。屈指算、几更寒暑，是黄姑恰渡河时。

欲语从前心事，愿漏水冰澌，欲滴还迟。收将猬愁茧恨，写入欢词。乔松自许，问女萝还附阿谁。空私拟、桃根尽拔，不留墙外垂枝。

风入松　秋夜

愁来无处可遮藏，梦也难忘。甫能得够相怜惜，醒眼处、依旧空床。凄楚邻鸡哭野，萧条寒月窥窗。

年来最是怕凄凉，况又他乡。明知此意成辜负，无可奈、却要思量。另是一番滋味，且宽半瞬柔肠。

前　调

秋宵只为一人长，仔细端详。前朝眼底昨心上，今宵里、那个成双。莫道无情蟋蟀，吟声偏近空床。

娇痴惯会断人肠，展转难忘。这番不了寻春愿，回首处、鬓发星霜。正好红楼锁燕，休夸玉轸求凰。

前调　为蓝次公所欢赋

爱花终日为花忙，瘦损容光。才教开遍葵榴蕊，浥露处、菊瓣含芳。蛱蝶交残银粉，游蜂褪尽金黄。

一枝弄影过邻墙，无限思量。侬家亦有琼枝蕊，风雨骤、落尽幽香。可惜一般秋色，偏教此地凄凉。

前调　闰七夕

一年一度会河梁，别更匆忙。天公应念多情苦，将闰月、撮合成双。莫道天孙不巧，也知作戏逢场。

重将新晤诉离肠，却又思量。茫茫短促人间世，怎似汝、地久天长。记取从来甲子，这般闰七寻常。

解语花　和董子长怀张云笙女郎韵

如花解语，记得当年，一妹情牵惹。旧有燕妓一妹擅名。名花已谢，再无人、得似旧时潇洒。燕钗重写。说张家、又生妖冶。海棠秋是断肠花，却断送人也。

无那书生命寡。更烟花情假，董郎难舍。于今抛下。况萧郎、又何缘欢十夜。诗词满把。恨沙叱、钱奴堪打。不开笼、放出青娥，好与人消夏。

倦寻芳　家北山再索，补观荷

风尘九陌，兴倦寻芳，独眠清昼。柳岸花溪，虚负涌金堆绣。水芝丹，石蕖露，风生玉井清香透。补佳期，花应恼乱，我无缘消受。

漫萦怀、香消粉坠，心苦思长，绿肥红瘦。妙法圆通因带果，清真不染污泥垢。拟新词，惭黄绢，空齑臼。

玉楼春　（二首）

唐魏子失两侍童，懊恼之极，词以嘲之。

渔童也学玄真避，烟水茫茫无处觅。从来破老老来欢，怎许伴少年逸致。

天公要把诗人戏，炉减添香书减寄。沉吟欲泪又还收，恐被河东狮子记。

春情已是沾泥絮，怎又落天涯不住。怜他不解子规啼，啼的是不如归去。

欢留割袖轻辜负，扑碎金钱无个据。双双燕子尚归来，何事薄情忘旧处。

浪淘沙

看孙妓晓妆，为蓝次公赋。次公善画。

爱把晓妆浓，髻拥云松。修眉簇簇墨烟笼。要与檀郎添画意，自扫奇峰。

半面隔帘栊，可惜匆匆。娇憨闻道最心聪。弹到琵琶肠断处，落尽秋鸿。妓善琵琶。

醉春风　春日即事，同谢惟实、仲玉、唐质生

蓦地消花恨，留春春也信。韶光何事肯低回，问问问。风

月骚人，柴桑韵主，虫鱼清俊。

新月栏轩进，影把残红衬。姮娥也似惜春归，认认认。淡扫烟痕，深颦浅蹙，半钩眉晕。

最高楼 送翁孟伯之任黄州，应洪昉思征

齐安好，此地古称雄。城倚大江东。茫然千顷排山浪，浩然千里快哉风。羡使君，闲选胜，似苏公。

寻一个、方山子的客，步一个、壬戌年的月。临皋畔，雪堂中。风流太守今犹古，三贤余韵喜君同。须卓荦，无幗幅，要清通。

意难忘 和程奕先雅集词韵

托足无方。为英雄颠倒，游子他乡。奇峰生坌坂，怒浪起钱塘。哀乐意、总非常，无处着吾狂。恰好似、汉高倚戚，魏武分香。

儿曹那会推详？把端简错认，乱谱宫商。神龙同蠖蚓，威凤比鸳鸯。夸屠酤、赛村妆。岂识我、凌空浩气，电赤沙黄。

前调 赠妓

嫩柳初黄。正雏莺花外，乳燕雕梁。温柔真解语，猜忌浑相忘。娇殢处、更非常，似燕瑟莺簧。约略是、延年小妹，倾国名香。

音辞一一端详。把衷情略露，恨与更长。梅花三叠泪，猿啸九回肠。多情感、似浔阳，哀怨泪千行。何时得、茅山仙客，计取无双。

天香　为吉三所欢赋

司马渴消，江淹恨绝，恁地情缘方了。凤孱龙潜，鸡头鹘起，正是芳心潦倒。瓜期未远，知玉臼、求浆不少。莫漫空加怜惜，腰肢婀娜纤小。

凭伊妆憨做巧，料不把、云情草草。遮莫桃蹊无语，梅英索笑。不管蜂痴蝶恋，尽着意、雀欢鸦恼，人妒人怜，钟情自好。

沁园春　和程奕先赠马妓韵

雨过园林，新莺弄舌，初月微明。怎似尤云滞雨，温柔妮态，消魂肠断，解语深情。豆蔻含香，樱桃吐萼，罗带风流百媚生。背明灯，偷觑鲛鮹帕，数点金茎。

相逢雁落鱼惊，更欲挽住流云不行。似玉皇香案，琼花仙子，蓝桥路畔，玉臼云英。司空见惯，依然恼乱，把从前花案勾名。愿从今，向秦楼作伴，引凤箫声。

菩萨蛮　乔姬索赠

垂杨烟抹伤心碧，杏花雨洗多情赤。春色已消魂，魂消更有人。

当年铜雀阁，不怕倾城郭。今日又生卿，二乔虚有名。

前调 送钱廉江归海监

少年莫骋诗文技，纵然李杜终无益。绝世大聪明，无钱也不行。

归家门好闭，八股当留意。唾手得高科，儿孙中式多。

以上《了庵诗集》卷十《了庵词》，乾隆十二年（1747）刻本。

黄周星

黄周星（1611—1680），本姓周，寄养黄氏，遂改姓黄，字景虞，号九烟，湘潭人。明崇祯十三年（1640）进士，授户部主事，未及到任，明亡。后至福建，在南明隆武朝任职。清初往来于吴越之间，以卖文为生，被荐博学鸿词科，拒不应辟。

满庭芳 送友人还会稽

新绿方浓，残红尽落，多情正自凝眸。不堪南浦又复送归舟，便倩江郎作赋，也难写别离愁。消魂久，斜阳芳草，天际水悠悠。

问君何处去，若耶溪畔，宛委山头。有千岩竞秀，万壑争流。愧我江湖迹遍，到如今，仍作书囚。迟君至，开襟散发，咏月醉南楼。

见王昶《明词综》卷六，嘉庆七年（1802）刻本。

陈 震

陈震，字东卿，号筠浦，益阳人。崇祯间武举，能诗文。

蝶恋花 壬戌暮春

荷叶如钱梅子小。旧燕归来，对对梁间绕。满地榆钱人不扫，阶前雨过生芳草。

老眼看花花亦好。百舌枝头，欲与何人道。今岁春归偏觉早，寥落莺花空自恼。

见《资江耆旧集》卷十一，道光二十年（1840）刻本。

王素音

王素音，女，明末清初长沙人。为清兵掳至良乡（今属北京市）琉璃河馆，题诗壁上，和者甚众。

减字木兰花

尘沙障眼，细计来程家渐远。野草闲花，不见当年阿母家。
诗题古驿，鸡骨柔情无笔力。锦字偷裁，立到黄昏雁不来。

见《全清词钞》第三十五卷，中华书局1982年排印本。

王夫之

王夫之（1619—1692），字而农，号姜斋，因晚年隐居衡阳石船山附近，人称船山先生。衡阳人。明崇祯十五年（1642）举人。顺治五年（1648），在南岳参与举兵抗清，失败后至肇庆投奔南明永历，任南明政权行人。因见臣寮相互排斥，知事不可为，遂回衡阳隐居，潜心著述。著作至道光、同治间始传于世，汇刊为《船山遗书》，其中词集名《鼓棹初集》《鼓棹二集》《潇湘怨词》。

十六字令　落花影

落花影，款款映春江。终相就，贴水不成双。

又　前题

落花影，风飐小桥西。掠素袷，疑是染香泥。

捣练子　晚春

云似梦，雨如尘，花泪红倾柳黛颦。也算人间春一度，明年莫更不还人。

如梦令　本意

花影红摇帘缝，苔影绿浮波动。风雨霎时生，寒透碧纱烟重。如梦如梦，忒杀春光调弄。

又　前题

如梦花留春住，还梦春随花去。一片惜春心，付与游丝飞絮。无据无据，不觉梦归何处。

长相思　本意

宝刀分，宝钗分。绣带分开坠画裙，余香犹自温。
锦鸳群，野鸳群。三十六双认得真，旁人莫漫嗔。

又　前题

不思量，也思量。密语何曾得话长，惊鸿夜渡湘。
真成双，假成双。依似莲心苦薏藏，怜他菡萏香。

点绛唇　牡丹

春未分明，觌面始知韶日晓。朱凝粉袅，费尽春多少。
人在绿窗，艳影朦胧绕。碧天杳，瑞云回合，锦襭空青表。

又 前题

不道人间，消得浓华如许色。有情无力，殢着人相识。
阅尽兴亡，冷泪花前滴。真倾国，沉香亭北，此恨何时释？

又 月桂

蟾馆飞英，随他月在秋长在。冻云如黛，幻出香严界。
曾订青娥，有誓深如海。春光改，清芳缥缈，还与山矾赛。山矾，一名春桂。

又 碧桃

碧海凝霜，问谁唤作春光住。绿烟轻处，月染幽香聚。
缥缈云魂，旧厌霓裳舞。天台路，山空月冷，不管刘郎误。

又 矮桃

绛襭盈盈，墙头怕惹游人顾。幽情谁诉？芳草萋萋处。
燕眼偷窥，早倩绿云护。勤嘱咐：低飞蛱蝶，莫惹香泥污。

女冠子 卖姜词

余旧题茅堂曰姜斋，此更称卖姜翁，非己能羡，聊以补人之不足尔。戏为之词，且卖且歌之。

卖姜来也，谁是能酬价者？不须悭。老去丝尤密，酸来心愈丹。

垂涎休自闷，有泪也须弹。最疗人间病，乍炎寒。

又 慈竹

萧疏不可，簇簇绿烟深锁，一枝枝。乳凤梳翎细，游鳞蜕甲迟。

天高难借问，风横怕相欺。且自团圈住，要谁知？

浣溪沙 山行

曲曲屏山翠幕垂，啼禽不拣浅深枝，逗人斜转竹林西。

绿玉竿柔愁露浥，翠烟叶密耐风欺，溪光一半染玻璃。

又 过熊男公夜话

炊稻烟阑煮笋香，溪流萦岫半斜阳，闲宵不觉剪灯长。

鱼计向春元得水，蝶魂入梦不惊霜，无劳濠上讯蒙庄。

又 即景

幸草犹余几段残，烧痕斜插野鸡斑，灰堆无数米家山。

双眼瞢腾疑梦觉，一天晴雨两阑珊，不愁也索带愁看。

又　望归雁

病眼遥天认不真，一双双影未全分，空花摇曳乱春云。
香篆欲消拖虿尾，平波初皱起鱼鳞，乌丝阑染素笺纹。

霜天晓角　怀旧

平湖春水，日落扁舟舣。话到伤心深处，双泪落、青樽里。
天不留愁绪，拚遣愁人死。刚有一丝春怨，又花落、鹃声止。

菩萨蛮　早春

梅花绽锦催寒去，霜花铺粉留寒住。去住两凄然，衰翁惜岁年。
烧根红茁草，已报春生早。莫惹晓莺啼，啼时花乱飞。

添字昭君怨　秋怀

谁染千山乌桕，欺杀一株衰柳。微霜何似镜中霜，万丝长。
蜡屐从今几两，冰级当年屡上。夜阑星汉耿清空，挂残虹。

又 春怀

茸草偏生南浦，桃叶半遮芳树。东风何用苦相催，缓缓来。刚倩柳绵黏住，又被落红勾去。麟洲闻有返魂香，海天长。

减字木兰花 冬尽

烟笼残月，遮屋五更霜似雪。小爱东窗，逗漏玻璃数点黄。梅风疏缓，冻蝶乍苏幽砌暖。生怕春生，生雨生风困早莺。

又 春怨

落花飞絮，只有闲愁吹不去。雨雨风风，消受残春一梦中。苍烟碧霭，一望迷离天似海。燕燕莺莺，尽说离愁话不成。

忆秦娥 灯花

心未冷，娟娟还弄斜阳影。斜阳影，半点红轻，一天烟暝。残香犹袅金猊鼎，泪痕微映鸳鸯枕。鸳鸯枕，如何落去，孤衾难整。从不作艳词，以灯花止载得底语。妄人说理可憎。

又 前题

残膏少，零红难待春宵晓。春宵晓，灰飞无迹，更谁弄巧。

朦胧睡眼微萦绕，疑无疑有幽光小。幽光小，破镜含辉，死萤残照。浮屠作灯花诗，其自谓妙悟之供状也，以此为爰书。

清平乐　咏萤

夕风乍定，冉冉穿芳径。曲沼欲寻鸳侣并，却是伶俜孤影。

来回柳岸苔阴，不知露冷更深。几点残星未落，一弯斜月初沉。

又　嫩柳

霏霏屑屑，略上些儿色。敛尽翠眉刚半缬，应是春光不彻。

未妨雨细寒轻，绿波浅映盈盈。更着一分螺黛，和烟绾住流莺。

西江月　俗诨

到处冻脓络索，逢人歌閜謰謱。无多弊撥总酸馊，窨得英雄沤涴。偈傛几分即溜，郎当一味斢斢。砰訇浪里囫囵游，谁受茜干偌憸。歌，虎可切。閜，火雅切。謰謱，读如连娄。弊撥，《庄子》注音跛撇。今祁阳人呼零星物事为八撇，应即此字。沤，去声。涴，音耨。偈傛，或作沓飒。茜干，或音作衠衏。干，音韩。

南乡子　留别家兄

老去别堪惊，日暮长亭亦短亭。镜里朱颜唯梦里，惺惺，刺柏堂前一字行。

此去更无凭，药饵谁扶瘦骨轻？望断岳阡魂缥缈，伶俜，万叠烟波两叶萍。

鹧鸪天

刘思肯画史为余写小像，虽不尽肖，聊为题之。

把镜相看认不来，问人云此是姜斋。龟于朽后随人卜，梦未圆时莫浪猜。

谁笔仗？此形骸，闲愁输汝两眉开。铅华未落君还在，我自从天乞活埋。观生居旧题壁云：六经责我开生面，七尺从天乞活埋。

又　藤蓑词

篗篗江门旧钓竿，如今落手尽清闲。鳞鳞三六双双鲤，历历千重叠叠山。

斜月落，晓霜残，藤蓑耐得一江寒。橛头信水亭亭去，鲸浪惊雷午梦安。藤蓑，白沙隐服。

又　前题

拾得藤蓑挂破船，芦汀柳岸两悠然。曈昽海日生残夜，烂漫江春入旧年。

霞散绮，绿飞烟，侬家何处不青天。星辰滥摘从人买，只索苔阴数颗钱。

又　前题

不唱江门旧棹歌，人间今古有藤蓑。况逢木落天空后，奈此风清月白何！

穿衰柳，度残荷，一行白鸟掠清波。孤吹铁笛腾腾去，惊落残花罥女萝。

又　前题

云自垂垂水自流，藤蓑晴晒钓鱼舟。蓼花双映迎红粟，鹭影斜拖颤玉钩。

从阐缓，尽搂搜，丹枫叶落不关愁。闲愁只为多愁客，镜里狂寻头上头。

又　前题

藤蓑别样有新裁，不打江门旧谱来。自怜艇子容双桨，不羡鲈鱼有四腮。

帆已挂，舵频开，掀涛拍岸且徘徊。涪翁漫道风波险，似此风波亦快哉。

虞美人　落花

柳风催送横天雨，自是难留住。更无消息教人知，不解一宵惊去定因谁。

香膏酿出红芳密，费尽东风力。到来无绪恋东风，为爱半溪流水暖溶溶。

临江仙　山矾

本是玉玚天上种，几时还驻云軿。檀心粉颊两盈盈。香迷双嫩蝶，熏恼一林莺。

手折一枝相借问，何如蟾阙秋清。东君着意更殷勤。朦胧烟月暖，骀宕柳风轻。玚，花也，一名春桂，或云，唐昌玉蕊即此。

蝶恋花　早秋

落日青空分燕尾。一片残云，犹作孤峰紫。剪剪白蘋风欻起，藕花露滴青波里。

为问贴天双燕子：底事能忘，辛苦春前垒？回首垂杨无限意，无情也应悲秋死。

又　春景

薄日蒸云光影碎。白霭蒙蒙，罩住春山睡。一树梨花轻雾里，玉山斜倚冰绡醉。

半吐山矾香孕蕊。小步寻春，好了莺花事。莫待楝花花信至，子规难挽东流水。

醉春风 遣病

未了游丝债，莫被浮云碍。鸡声历历曙光微，在，在，在。月挂西楼，风轻柳岸，虹垂天外。

但遣愁城坏，不怨霜荷败。情知腊尽雪须消，耐，耐，耐。未必他生，还如今日，长年禁害。

青玉案 忆旧

桃花春水湘江渡，纵一艇、迢迢去。落日赪光摇远浦，风中飞絮，云边归雁，尽指天涯路。

故人知我年华暮，唱彻灞陵回首句。花落风狂春不住。如今更老，佳期逾杳，谁倩啼鹃诉？

江城子 咏雪

依依欲待入帘栊。怕回风，怨回风。一霎惊飞，吹过小桥东。梅信未来枫叶尽，谁款款，与从容？

前溪流水忒匆匆。拼孤踪，碧波溶。冷淡魂消，旧恨有无中。不似柳绵归计晚，人只解，惜残红。

又 前题

惊风淅沥渐无声。恰泠泠，早盈盈。促拍悲丝，转入凤笙清。唤醒梅花月下梦，看咫尺，有瑶京。

人间何用久留情。晓风轻，晓烟晴。流水斜阳，莫惜玉山倾。解释消沉千种恨，明镜里，鬓丝横。

祝英台近　初夏

碧莎蹊，菖叶渡，寂寞寻芳处。梅雨无凭，更把残红误。清池几片荷钱，浮萍相乱，留不住、泪珠如雨。

空凝伫，柳枝低亸夕阳，犹作旧时舞。也自无聊，怕惹香泥污。问双飞乳燕何心，闲情闲绪，向枝上、娇憨对语。

满江红　初夏

霞映晴空，惊晓梦、余寒消尽。日影转、绿阴叠叠，碎痕红印。燕子归来憨不语，柳塘樾径都相认。尽从今、长日小楼空，无人问。

浮萍叶，鱼难信。商陆子，鹃犹恨。怕黄梅雨浥，湿烟还困。记得年时游冶处，轻衫碧映荷钱嫩。奈柳丝、闲挂葛巾斜，窥霜鬓。

又　新月

远碧无涯，但约略、清光莹澈。凝望处、谁匀松玉，斜分云叶。幽魄可怜凉似水，一丝浅漾冰纹缬。问青天、何事送新愁，从谁说？

栖不稳，惊禽咽。风不定，波光叠。眄南枝高处，素痕明灭。认得遥山青不了，半峰微露峨眉雪。便迢迢、飞梦入层霄，还孤怯。

又 忆旧

灯影萧疏，身还在、为谁消受？拼尽了、月下吹笙，花前纵酒。寂寂仲华今已老，太阿知我还知否？向中宵、寒铁喷清光，雌龙吼。

骨已白，黄泉友。魂已杳，黄头妇。便长吟梁父，溪山非旧。飞尽楝花天不管，韶华难得春风又。听啼鸦、啼彻五更心，栖衰柳。

满庭芳 重九

芦展霜英，蓼开红粟，三分秋在堪怜。芙蓉木末，午压绛痕鲜。似欲将人共醉，何须问、谁健他年。吹不去，当头皂帽，直上有青天。

飞仙曾授我，汝南真诀，壶里清玄。已住云山绝顶，芸尽芝田。何处更寻高巘，累芒鞋、竹杖横肩。凝眸处，齐州数点，万里罩平烟。

水调歌头 咏怀

钓竿落吾手，意不在鱼边。六鳌何处？一艇缥缈凌孤烟。

耐可乘流直上，不避回风吹转，蹴破浪花圆。一曲棹歌里，星斗落帆前。

白蘋洲，芳草渡，扣哀弦。落花细数，坐久目送荇丝牵。出入无肠国里，烂漫无愁天上，鼎鼎度华年。唯有千丝雪，镜里自相怜。

黄莺儿　苦雨

昏昏昏晓忘春曙。几尺幽窗，半掩苍苔；一抹青山，平铺飞絮。似酒醒，乍扶头，灯灺难留炷。沉沉天海蒙蒙，早把韶光，暗里消去。

拼与。白鸟荡银波，清猿隐高树。芭蕉几叶，莫有绿肥，轻寒依然勒住。想流水小桥东，密筱浓阴处，应有怨老莺声，细把闲愁诉。

高阳台　蛛丝落叶

拚却无情，更谁厮惹，西风檐角萧萧。留看人间，斜阳一晌光摇。蘋花应笑归期误，又争知、孤绪无聊。被殢人、轻蝶憨憨，片影相撩。

天涯一梦迢迢，任露侵衰草，月冷危桥。便随尘土，离魂不倩人招。前时难忆藏鸦处，有归飞孤雁低邀。望谁为，并刀一剪，剪断情苗。

念奴娇　咏蝶

流莺啼遍，唤不醒、芍药丛中双蝶。待把红香留住稳，无待雨狂风劣。流水浮萍，垂杨飞絮，都是闲枝节。殷勤为甚，飘零了不孤怯。

纵好绣带云裳，来回弄影，荡芳情一捻。日暮帘垂归燕语，池上晚风猎猎。渺渺天涯，归魂何处，便是烟花劫。无人说与，阳关梦里三叠。

又　对镜

闲愁自昔，到如今、当得雪欺霜负。云亚天低抬不起，随意白衣苍狗。剑跃双龙，笔摇五岳，也是闲筋斗。蝶黏蛛网，丝毫动得还否？

别有一线霏微，轻丝杪忽，系蟠泥秋藕。一恁败荷凋叶尽，自有玉香灵透。眉下双岩，电光犹射，独运枯杨肘。无情日月，也须如此消受。

水龙吟　莲子

平湖渺渺波无际，难认旧时青盖。荻絮横飞，蓼红斜炫，秋光无赖。拼不含愁，韫香密裹，泠泠珠佩。伴江妃、泪颗盈盈，怕谁厮恼，幽房里，深深缀。

十斛明珠谁买？空望眼、悬愁碧海。露冷昆明，霜凋玉井，兰舟罢采。自抱冰魂，海枯石烂，千年不坏。莫抛掷、一点孤心，苦留得、秋容在。《本草》：“石莲子带壳则千年不坏。”即此。李时珍云药肆别有一种石莲子，不知何物。

又　前题

白蘋红蓼秋江岸，早有蜻蜓斜睨。须褪蜂黄，乳含菽玉，恹恹倦起。乍历金风，谁知渐老，蜜房深闭。应只似、天宝鸡坊，皂衣人在，空记得，霓裳事。

零零玉露含愁，漫阁住、泪珠难坠。无情忍见，蹴碎菱花，啄残菰米。自惜残香，又逢劈破，长离烟水。问多情碧藕，抽丝可得，经时重系？

又　前题

余既作莲子词二阕，梦有投素札者，披览之，云：公不弃予小子，补为酬词，良厚。乃我本无愁，而以公之愁为我愁，屈左徒之愉东皇、云中不尔也。且公所咏者，荻絮蓼花，金风玉露，皆余少年事。假以公弱冠时文酒轻狂，今日为公道，公其能不赪见于色乎！败荷秋藕，吾已去之如箨，自别有风味在。公虽苦吟，非吾情也。世人皆以我为朴质，公当为艳语破之，幸甚。晓起，因更赋此，不复以艳为讳。

轻舠直上潇湘，五湖载取风光去。兰汤初浴，绛罗轻解，鸡头剥乳。腻粉肌丰，苞香乍破，芳心暗吐。待笑他、石家赪面，杨家病齿，虽夭治，还含醋。

曾倩绿窗深护，全不教、香泥微污。莫愁秋老，侬家自有，杏金丹驻。唯应少府，无妻空老，长怜樊素。愿年年岁岁，相期解佩，蘋花洲渚。

瑞鹤仙　寿李为好

早觉秋清也，是年华通闰，露晶莹也。霏微香浅处，知月中金粟，遥飞英也。双星炯也，良宵映、人间永也。祝其人如玉，颉颃姑射，在瑶京也。

轻也。郦侯仙骨，凌虚上、御风泠也。梦鹤迥也，何知蚁梦醒也。笑向来蛮触，交争何事，冷看闲看定也。尽海波、千度桑田，吾心静也。

春云怨　春雨

一宵风雨，将小窗曙色，朦胧勒住。惊起数声啼鸟，多在碧烟深重处。肥绿欺人，瘦红欲尽，流水无情向南浦。红药多憨，翠胎未吐，还遣花期误。

问春拟向何方去，怕芳草天涯，萋萋非故。记得年时踏青路，燕子重来，梦里楼高，望迷烟树。桃叶难凭，流莺不管，自绾柳丝低诉。

喜迁莺　元夕

龟纹云展，逗月影、照人清善。侥幸春光，等闲换却，银海玉山万片。不道残梅香尽，似惜柳条绿浅。更念我，一茎瘦骨，风丝欲剪。

缱绻。笑年年岁岁，长伴韶华转。野烧烘朱，疏星炫采，一点山灯光颤。良夜人间似此，莫问琼壶近远。痴来自笑衰翁，受用东风消遣。

归朝欢 春晚

不道春光消不得，风风雨雨落红积。余芳一片尚嫣然，倡条冶叶谁相识。幽情还自惜，向他时，断虹残雨，留取韶华迹。

游丝袅袅娇无力，难凭远觅春消息。也知春只在天涯，杜鹃莫诉春归急。柳带烟如织，从容绾住东流疾。任桃花，路杳天台，不道仙源隔。

潇湘逢故人慢

赠季简尤初度。简尤方五十，髭鬂如雪，已十余年矣。

潇湘一曲，记前时相念，此地相逢。掀髯一笑中。问霜雪因甚，早上青松。多情自昔，阅桑田、沧海重重。有吴市、洞箫孤奏，碧天吹裂晴空。

酌君酒，为君舞，怕长沙袖短，举手难工。把袂且从容。但五弦挥罢，目送归鸿。随时梅酒，又何有、今古英雄。莺花在、年年三月，绿杨柔亸春风。

尉迟杯　闻丹霞谢世，遥为一哭

离愁远，恨漓水、不逐湘流转。萧萧寒雨天涯，南雁一声惊断。闲悰无数，都付与、似水并刀剪。忍今生、死死生生，总难片语分判。

追忆云暗苍梧，也则是风光，本色消遣。裸戏谷泉雷电里，莫更有、耶娘生面。今且向、垂杨暮雨，鹃啼处，咒残春一线。想依然、还我伤心，归舟天际相见。

二郎神　七夕

秋生处，还只恐、佳期无据。俯杳杳人间，几点疏灯，乱流萤低度。莫有多情应似我，向蛛网、含愁轻诉。方信得，经年此夕，带水桥成堪渡。

休误，荏苒凌波，迢迢西浦。费乌鹊高飞心力倦，奈尘世、荒鸡催曙。回首盈盈青女下，似笑我、凄凉庭户。算自有银潢，几许年华，玉颜非故。

玉连环　述蒙庄大旨答问者

生缘何在？被无情造化，推移万态。纵尽力难与分疏，更有何闲心，为之偢采。百计思量，且交付天风吹籁。到鸿沟割后，楚汉局终，谁为疆界？

长空一丝烟霭，任翩翩蝶翅，泠泠花外。笑万岁顷刻成虚，将鸠莺鲲鹏，随机支配。回首江南，看烂漫春光如海。向人间，到处逍遥，沧桑不改。

又 前题

彀中游羿，莫漫惊宠辱，浪生规避。原自有万里清空，可无影而藏，不飞而至。黑白两端，算都是龙泉轻试。但途中曳尾，刃发新硎，全牛皆废。

无涯有涯交累，唯饵香药作，不黏滋味。消彼此百种聪明，向白日青天，鼾齁熟睡。侧足焦原，弄猱虎不殊豚彘。笑弈秋，着着争先，居然钝置。

望湘人 归雁

到春生寒里，寒尽春边，惺惺还自分晓。烟水无涯，关河何处，长是梦魂飞绕。任不归来，也堪信宿，奈他幽悄。尽江南、草长鱼肥，难把寸心灰了。

历尽墟烟晚照，更天低月暗，风凄云窅。脉脉自孤征，冷觑垂杨栖鸟。随处生缘，暂时留恋，只爱桃英娇小。问他日、万片秋声，谁领取江天缥缈？

风流子 自笑

老夫无藉处，问今古、更有几人知。把红霞揉碎，挼成火枣；玉露团合，酿就冰梨。饱餐罢、擎篮盛夜月，添炭煮冰澌。

一掐中天，星随指落；还从残腊，花促春归。

秋风落叶里，扪碧霄、敲响玻璃。大笑天翁白雀，输我偷骑。金弹惊开，幽窗啼鸟；玉笙唤起，茅店荒鸡。且殷勤属望，绝调钟期。

沁园春

梅花道人题骷髅图，淡归嗤其鄙陋，为别作七首。乃词异而所见亦不相远，反其意作四阕正之。

白日难欺，青天不爽，只此骷髅。到排场戏毕，尽停边鼓；熏炉烟散，却剩香篝。无想有天，也须扣算，放自当年到此收。终不道，泛秋波一叶，随处芳洲。

思量惭愧难酬，曾顶戴春霖起白沤。忆香蒸云子，从伊饱满；轻裁霞绮，护汝温柔。莫倚无知，瞒他有眼，总付梧桐一片秋。应认取，者下回分解，别有风流。

又　前题

当汝无时，原无消息，逗此风光。到云生月吐，旋相圆满；山支水派，不爽针芒。桂斧谁修，玉砂难碾，琢就玲珑七宝装。曾倩汝，为日轮炫紫，寒夜凝霜。

成功底事难量，仍掷与乾坤自主张。尽雪里梅开，凭谁蕴藉；风中柳摆，非汝轻狂。百折如新，一丝不乱，烟草迷离总不妨。珍重好，教大钧裁剪，鹤短凫长。

又　前题

毕竟还他，晓风残月，正好惺惺。看太白占星，显开玉色；黄钟应律，敲作金声。揖让筵终，征诛局罢，渠不增加汝不轻。堪爱处，为元龟受灼，枯槁皆灵。

西园片片落英，也妆点东风媚晚晴。任血洒虞兮，原非战罪；肠回康了，不碍文名。万石洪钟，一丝残纽，止此冰霜骨几茎。夫谁暇，怨华亭鹤唳，蜀道淋铃。

又　前题

为问蒙庄，卮言枉吊，笑尔何知！既使我其然，焉能免此；如君之说，抑又奚为？幸未凋零，先为飘荡，究竟鱼还死水湄。早辜负，却桃花春水，杨柳秋堤。

欲抛抛付伊谁，真避影银灯只浪吹。便一枕蝶轻，还黏粉翅；三眠蚕稳，仍惹缫丝。去则难留，留原难却，一线纹生玩月犀。唯片晌，耐板桥霜迹，茅店荒鸡。

摸鱼儿　病后作

问还余、莺花几许，容吾酬尽春债？向来淡墨写虚空，也须添朱着黛。真狡狯、拈一片、落英欲揉韶光碎。泼天无赖。拚古庙香炉，荒村迓鼓，社伙从新赛。

痴绝处，瘦骨披襟潇洒。倚阑目断天外。归禽谁戢双双翼？

栖稳垂杨烟霭。空惭愧，喷热血、心肝摘出从人卖。寸丝留在。便棠杜云寒，白杨风起，不道余香坏。

又　自述

当年事、也随风起，片帆一晌轻挂。云间江树霏微处，早爱青山如画。停桡也，又却有、蘋花菰米香低亚。难消良夜。且月载金枢，波分素练，饱看银河泻。

入佳境，茹蘖居然啖蔗。千金难酬春价。娟娟蛱蝶花间戏，不怕黄莺絮骂。谁真假？已早似、光风霁月连床话。千蹊万岔。则堪信堪疑，欲歌欲泣，狂谱从人打。

贺新郎　自题草堂

狼藉成衰老。惟余此、数茎瘦骨，随风颠倒。满目江山无熟处，一曲林峦新造。何敢望、松萦竹抱。新绿半畦荒径侧，怕萋萋仍是粘天草。镢头在，还须扫。

东墙幸有冰轮好。到秋来、暖雪生眉，琼浆灌脑。人道森寒清彻髓，也是龟毛蛇爪。总拼与、寒灰冷灶。万顷烟岚窗纸暗，恰昏昏鼾睡忘寅卯。阿鼻狱，蓬莱岛。

金明池　新柳

多幸烟和，无妨风细，袅袅自怜春软。娇小甚、鹅黄绽处，但一叶两叶初剪。拼多情、拖逗波光，映岸侧、镜影苔茸深浅。

总冉冉相依，摇摇不定，约约匀匀低转。

不问花期今近远，只着意韶华，殷勤欲绾。忍微寒、待莺已久，向落日、藏鸦不惯。定谁知，无限柔情，对残月晓风，翠眉难展。只片晌停凝，经时荡漾，独自来回消遣。

瑞龙吟 别恨

天涯远，凝望迢递层阴，夕阳一线。几番拼不相思，曾种情苗，等谁割断。

初相见，也似轻薄杨花，随风飘转。无聊且付闲心，灯下香前，自寻幽愿。

漫道天台桃径，重逢刘阮，残红一片。又随流水飘零，凋残故苑。盈盈脉脉，烟锁芙蓉巘。劳想象、扇影低回，佩声缱绻。梦里啼莺、似把游人唤，又恐春期浅。辜负却、翩翩画梁双燕。此情谁诉，一帘春晚。

望江南 本意一

江南忆，钟阜杳霏微。佛子献来金堵窣，功臣长侍玉罘罳，缭绕五云飞。

又 本意二

江南忆，锦带绕秦淮。万古中原龙虎气，百年冠盖凤凰台，天阙一双开。

又 本意三

江南忆，牛斗剑光横。跳壁将军飞似蝶，换桥万户语如莺，虹卷海天清。

又 本意四

江南忆，霞采映江波。吟社春翻红雪谱，讲坛月满碧云阿，锦瑟奏清和。

又 本意五

江南望，渺渺似云中。五色秣陵芝作盖，三山北固海吞虹，今古几英雄。

长相思 春夜

花影低，月影微。一夜迢迢已半非，问天知不知。
风满扉，露满衣。炉冷香残恋素帏，栖禽尚未归。

昭君怨 本意

千古英雄一泪，只在琵琶声里。冷笑看功臣，画麒麟。
娇面胡风吹皱，拚与红颜消受。赤凤不知愁，汉宫秋。

又 咏柳

莺啭上林春软，蝉噪隋堤秋晚。一样系兴亡，碧丝长。

夜雨盈盈千颗，点点清波滴破。不但翠眉颦，泪珠匀。

点绛唇 和林和靖韵咏草

旧日青山，霜风吹后谁为主。招魂何处？棠杜春皋雨。

杜宇声中，休怨芳年暮。凝眸去，萋萋无数，仍满天涯路。

霜天晓角 怀旧

清秋晚角，斜日横云脚。剑射灯花坠紫，双影瘦、征衣薄。

今日梦中语，当时难卜度。惟有丹枫霜叶，点点血，还如昨。

菩萨蛮 除夕

相移不觉春前岁，相连不断风前泪。泪已到今残，乾坤醉梦间。

紫山横白霭，羃䍥天如海。花月有时新，难留霜鬓人。

又　桃源图

桃花红映春波水，盈盈只在沅江里。湘水下巴丘，湖西是鼎州。

停桡相借问，咫尺花源近。三户复何人，长歌扫暴秦。

又　述怀

万心抛付孤心冷，镜花开落原无影。只有一丝牵，齐州万点烟。

苍烟飞不起，花落随流水。石烂海还枯，孤心一点孤。

摊破浣溪沙　始春新月

嫩柳梢头挂一分，玉痕松浅绿烟轻。空里流霜荡漾，逼天清。

瘦影徘徊还似梦，朦胧雪鬓未惺惺。却恼人间菱镜，太分明。

卜算子　咏傀儡示从游诸子

也似带春愁，却倩何人说。更无半字与关心，吐出丁香舌。

红烛影摇风，斜映朦胧月。铅华谁辨假中真，皮下无些血。

忆秦娥　本意怀仙

骖鸾去，还来太华峰头住。峰头住，不远人间，迷蒙烟雾。

神山无蒂飞鲸渡，迢迢紫海清都路。清都路，天酒花倾，云韶鹤舞。

又　子规

幽魂咽，蜀天泪洒春江血。春江血，东下湘灵，哀弦夜月。

春归还诉春前别，天荒地老情无歇。情无歇，唤不归来，他生此劫。

谒金门　待须竹

闲不得，闲得也应相即。除却镜中霜鬓识，更谁通消息。

多病年来无力，翠嶂层层相隔。珍重杨花风起日，觅浮萍踪迹。

又　春怨

云无数，遮断春光来处。更着廉纤千嶂雨，罩住和烟树。

社燕佳期已误，他日归来应诉。旧识垂杨芳草路，总被深寒妒。

清平乐　鹧鸪

但南无北，费尽丁宁舌。说与天涯行不得，也似欲啼清血。

空山烟雨霏微，离披败叶低飞。乳燕莫夸轻俊，人间何处乌衣。

谒金门　偶感

千秋岁，只似而今滋味。落日黄花衰草地，有英雄残泪。

片月亭亭西坠，不管幽虫吟砌。未审碧霄何意绪，恁茫茫无际。

更漏子　本意

斜月横，疏星炯，不道秋宵真永。声缓缓，滴泠泠，双眸未易扃。

霜叶坠，幽虫絮，薄酒何曾得醉？天下事，少年心，分明点点深。

又　前题

崧台泊，漓江柝，剑吼匣中如昨。刘备垒，马殷坟，闲愁夜几分。

灯烬灭，寒衾铁，只有归鸿凄切。檐溜雨，远鸡声，心知是五更。

眼儿媚　春深始见梅花

不知深浅几春宵，犹自见春娇。暗藏红粟，斜分绿影，全罩冰绡。

当时曾有孤山约，客梦已迢遥。余香应惜，东风渐老，野水平桥。

西江月　本意

湘水悠悠北去，章江渺渺东流。清光拂剑碧天秋，情寄一杯浊酒。

落月倩谁留住，长江又送新愁。小孤潮阻散花洲，露冷长堤衰柳。

又　前题

曾忆龙沙孤泊，将军祠下霜寒。凉辉浅浅挂西山，半破金枢拂岸。

羌管声中鸟梦，藤花影里渔湾。婵娟不管泪阑珊，还送数行归雁。南昌刘省吾都督祠，不知存否。

怨王孙　送春

野水苍树，落红飞絮。芳草长堤，垂杨古渡。只是无人，解惜春。

归雁欲传云里字，将谁寄，拚与闲愁死。天远水远山远，何处相逢，梦魂中。

江南曲　寒月（四首）

寒月迥，霜气护婵娟。眼晕乍临秋水镜，眉黄初学远山烟，不尽使人怜。

清赏处，犹自忆华年。移几当轩添兽篆，卷帘呵手拂鸾笺，人在玉山前。

寒月迥，凝望属天涯。剑吐蓉光三尺冷，弓垂蟾影半轮斜，豪气动悲笳。

回首处，羃䍦杳平沙。雪窖遥天迷雁字，琼楼暗影奈妖蟆，双鬓冷霜华。

寒月迥，风袭读书帷。砚滴摇光分碎玉，灯花随影落琼芝，历历记当时。

人已老，不分冷风雌。吊古自垂珠蚌泪，问天欲伐桂香枝，清气荡冰澌。分，去声。

寒月迥，旖旎一轮安。片影但惊孤叶坠，数峰无那晚烟残，略似梦中看。

深伫立，清露沁肌寒。药灶松风初淅沥，竹窗梅影已阑珊，人老钓鱼湾。

鹧鸪天　杜鹃花

锦国春从恨里裁，云安涪万浅深开。山头万片留芳影，枝上三更结怨胎。

红泪滴，血函埋，他时化碧有余哀。伤心臣甫低头拜，为傍冬青一树栽。

虞美人　问月

乍圆还缺相调弄，也是如春梦。有形毕竟有消时，只是较人差久少人知。

迟回闲恋花间影，便道秋宵永。侬今何遽不风光？一晌清灵不散万年长。

踏莎行　与李治尹夜话致身录事，有感而作

几许兴亡，凭谁料理，血痕一缕留青史？从来白刃杀英雄，恹恹儿女丛中死。

霜气飞空，星光堕水。闲宵半吐伤心字。他年莫问草堂荒，萧萧落叶随风起。

小重山 讯游人

闻道韶光色色新。青骢骄玉勒，踏芳尘。河桥嫩柳折殷勤。全不管，叶叶翠眉颦。

莺语咒含嗔。子规催不转，未归人。东皇若肯惜余春，红药在，重染茜香匀。

蝶恋花 秋感

檐帽风轻收早稻。半卷黄云，半拥绿烟岛。雪鲫如银膏满脑，瓜肪切玉铺霜早。

袅袅长竿争打枣。鞢鞨珠圆，颗颗香甜饱。受用苍天今已老，掀髯一笑邯郸道。

苏幕遮 暮春月夕

雨初收，春已尽。多幸婵娟，还照烟霄暝。弱柳摇波波不定。绿影层层，蹙损金枢晕。

尽闲愁，谁借问。花落花开，难向今宵认。犹有余香吹阵阵。珍重清辉，莫映残云隐。

又 翠涛以新诗见怀，作此答之

老犹惭，愁不死。燕子衔来，无限伤心字。春色三分还似此。和雨和烟，了却韶光事。

有如痴，仍似醉。短剑光销，红蜡倾珠泪。一片潇湘东下水。谁遣无情，长惹飞花坠。

渔家傲 樵歌

煨芋喷香斟卯酒，扳萝不怕寒崖陡。黄叶飕飕麋鹿走。君知否？夜来野烧霜枯后。

林外炊烟青一绺，斜阳又转苍溪口。莫怪逢仙柯已朽。耽棋久，人间残局难丢手？

又 前题

雨歇轻阴苔满地，莺声引入云深际。谷口回风惊扬起。芫花碎，芒鞋点点红芳缀。

满径山矾香蔼腻，杜鹃铺锦簪螺髻。掉首行歌歌不已。腰镰坠，枝枝不忍伤新翠。

又 为好送鱼苗谢之

连雨前溪新涨弥，垂纶不上双双鲤。刚叹直钩钩不起。青蓑委，果然甚矣吾衰矣。

雪脊霜鳞春燕尾，殷勤不待桃花水。曲沼逍遥萍叶紫。秋风里，熟炊香稻烹银髓。

凤凰阁 咏风

镇来回不审，何时是了？问天也难分晓。可惜一江绿净，半林红袅，都被轻狂消缴。

年来双耳，长似蝉吟林表。那堪鼍吼还相嬲。便两鬓、几茎霜，也来萦绕。到长夏、又还幽悄。

天仙子 元夕

垂垂冻雨凌珠滴，阿谁唤作灯花夕。当时有梦到今圆，孤烟幂，残膏腻，寒山不着东风力。

才领取归鸿嘹呖，又消受残梅狼藉。人间昨日是元宵，人非昔，天难识，明年消尽中原历。

祝英台近 残梅

有余香，无别意，难向东风说。前夜朦胧，一晌邀霜月。元来却上柳梢，平沉碧海，拼不管、幽芳凄绝。

情无歇，苦禁断雨斜阳，望寻香冻蝶。漫无消息，归燕空饶舌。便判取、艳坠珠楼，烟飞紫玉，也难待、杜鹃啼血。

御街行 上巳

迷烟迷雨教春困，不道是、清明近。轻寒曾忍柳风狂，只待东君花信。红药芽娇，山丹胎小，依旧无凭准。

兰亭今昔何须问，消不尽、新亭恨。强将客泪付流觞，逝水难酬春怨。莺莺燕燕，花花草草，目送韶光褪。

东风齐着力　忆别峰修竹为冰雪摧折

一片绿云，千条寒玉，亭亭孤上，非想有情天。记得雨余残照，趁啼禽、即栗横肩。迎眸处，捎云垂露，袅娜芊眠。

谁道别经年，怨湘妃不语，我见犹怜。鲸波吞岭，欲遣变桑田。魃地一声去也，挽不住、环佩珊然。空想象，纸窗清影，淡写之玄。

水调歌头　放言

我自非卿法，何事为卿愁。非卿之法，卿抑可不为吾忧。若汝三更半觉，而肯一参万岁，月也应含羞。弄影浮云上，圆缺总清秋。

数花须，黏柳絮，汝风流。差排蚁国鰕岛，立地凤麟洲。既道尼山出世，又召东山入梦，镜里是真头。炯炯明看汝，更上一层楼。

念奴娇　南岳怀古

井络西来，历坤维、万叠丹丘战垒。万折千回留不住，夭袅龙骧凤起。云海无涯，岚光孤峙，绾住潇湘水。何人能问，问天块磊何似？

南望虞帝峰前，绿云寄恨，只为多情死。雁字不酬湘竹泪，何况衡阳声止。山鬼迷离，东皇缥缈，烟锁藤花紫。云璈无据，翠屏万片空倚。

瑞鹤仙 寿刘庶仙

桃花开也未？有酥雨微晴，烂熏春醉。何须倾绿蚁，弄嫩柳莺背，黄醅香腻。彩衣新试，更昨岁、兰开双穗。此芳辰、不乐何如，尘世原同儿戏。

曾记。牡丹月下，琴轩春早，笑歌声沸。年华弹指，渐两鬓霜华缀。看江山、一晌蜃楼闪烁，烟波杳霭无际。只壶公，壶里韶光一色，彤云多丽。

南浦 惊秋

片云堆雪，却无端，飞影欲掠斜阳。回首西风起处，几叶上轻黄。莫问藕花凋未，看蜻蜓、点点度银塘。有前时双鬓，而今似否？青镜自商量。

极目神州杳杳，只归禽、无数点微茫。销尽残虹半折，短剑蚀清光。便遣吾庐三径，在他时、枫叶不禁霜。祝掠云双燕，好将归梦绕空梁。

尉迟杯　冬景

夕阴凝，分一半，霜月空霄影。危柯风吼鼍吟，料得栖禽难定。眉云黛蹙，问何事、带浓愁不醒。也应他、倦看天涯，万里平芜烟暝。

休道柳暖花娇，便秋色、碧梧犹恋金井。早似十分摇落也，谁待怨、玉露当时薄幸。但随风、几片丹枫，还逞飘零情性。听孤鸿、暗度三更，幽魂脉脉孤省。

二郎神　咏镜

碧潭清浅，又早被、蘋风吹动。惊鬓影参差，归来欲倦，试向菱铜闲弄。何处相逢，似曾相识，一面闲愁偷送。多情甚、白夹朱颜，直至而今相共。

还恐，尘生碧海，玄云暗涌。也似我年来，桃花春水，咫尺烟迷秦洞。总不分明，犹应记得，笑语当时恩重。谁忍见，半规流落人间，别邀新宠。

望海潮　本意

红尘如此，茫茫沧海，吾将谁与言归？蜃雾腾虹，龙珠炫紫，波光天外霏微。宝日涌初晖。经烟霾万里，云锁千围。依然不改，晶轮激火夹天飞。

吹箫人鼓余威。将吴宫旧怨，血洒灵衣。怒遣天吴，滥驱海若，长风奋驾支祈。淫姣责江妃。将平沙尽洗，仙草滋肥。属目轩然一笑，人在钓鱼矶。

风流子 春感

春光又到也，全不惜、霜鬓不禁愁。问归飞双雁，江南塞北，冰融风软，何处堪留？莫轻弃、鱼波翻縠皱，鹭影挂银钩。但爱风高，黄沙眯目；为贪月冷，白草含秋。

垂杨摇荡处，绾不住、绿水去悠悠。饶有荇牵翠带，难系浮沤。看彻踏青，眉皆黛蹙；相逢折柳，泪总珠偷。叹千金春价，一刻难酬。

兰陵王 秋感

伤心事，今日从何说起！剑光冷、血溅潭龙，落叶风高云际寺。宾鸿传锦字。向道海云孤峙。天涯远，欲托传情，不怕关河阻迢递。

露坠芙蓉死。问秋藕可能，将丝重系？吹箫人老吴阊市。向夜阑人静，闲提半语，也怕吟虫相调戏，拥孤衾独睡。

凭梦，将愁寄。更天海悠悠，望断烟水。纵然有梦成差异。难寻觅酒伴，同垂珠泪。想天日照临[①]，也了无惭愧。

---

① “想天”以下，《船山遗书》金陵书局本、太平洋书局本、中华书局本均缺三字，此据康和声《王船山先生南岳诗文事略》补为“日照临”。

贺新郎　用韵寄题翠涛山居

君未同余老。任叔夜、崟嵚磊落，玉山奚倒？偶借渔矶垂直钓，不许问津人造。岂但爱、清溪回抱。万叠碧簪青带绕，遍天涯总是王孙草。笑一室，何须扫。

平畴良稼怀新好。多种秫、黄云酿熟，香熏龙脑。画骏不临松雪谱，自宝思陵鹰爪。煮冰雪、自寻炉灶。闲写溪云山雨句，终不教举俗怜丁卯。虽寒瘦，非郊岛。翠涛家藏宣和画鹰，因忆赵子昂不类，遂及之。

又

中秋大病，不得与从游诸子觞月，吟此慰之。

海门孤月上。是人间、平分秋色，桂香新酿。一曲草堂东岭对，延尽碧天清爽。窗影照、吟虫幽响。鹭足倒拳衾似水，笑清狂到此无能强。灯焰薄，摇孤幌。

一丸冰玉含惆怅。付伊谁、划破青天，御风孤往。擒取妖蟆三足怪，铺满银魂千丈。问窃药、当年欺罔。玉宇能禁寒彻骨，但有情不怕银河广。宝剑在，英雄掌。

十二时　蟋蟀

问古今，闲愁有几？长与秋来相惹。到月暗、梧桐疏影，木叶泠泠初下。便遣清宵，都无万感，犹自难消夜。偏傍砌、侧近西窗，冷絮闲叨，不管残灯花灺。

从伊谁，问知幽恨，长在眉梢萦挂。似诉风凄，如悲露冷，斗转银河泻。莫念人幽悄，殷勤特相慰藉。

不分明，伤心句里，听得又还争差。待拥孤衾，灭灯塞耳，可放离忧罢。未多时更被，荒鸡数声啼也。

玉女摇仙佩　霜叶

云容初皱，鹦老梳翎，微露猩红丹味。迤逦金风，轻寒不耐，心绪还如中酒。莫是怜秋瘦。贯韶光薄媚，春归还又。念一自、红药凋零，杜宇三更，啼血而后。拖逗得伤心，染就残痕，到如今消受。

还想拒霜木末，蓼花江岸，晚艳于今未久。半折残虹，一弯夕照，却早送人僝僽。零落还知否？唯应伴、几叶淡黄衰柳。又恐怕、青娥娇妒，不肯留侬住，朱颜非旧。重回首，雨余荒草堆红绣。

以上《船山遗书》卷六十《鼓棹初集》，同治四年（1865）湘乡曾国荃金陵刻本，参校1975年中华书局《王船山诗文集》点校本、2004年岳麓书社《王船山词编年笺注》本（彭靖编撰）。

十六字令　元夕见月

雪面女，耐冷卸罗衣。盈盈出，争赛粉香肥。

捣练子 咏愁

刚有绪，又无端，细雨千丝月半弯。一寸眉棱千障压，不教人放片时闲。

又 咏霜

空无际，月无痕，悄悄盈盈上草根。蜻蛚逼窗灯影绿，愁人不道不消魂。

如梦令 春后寒雪不已

粟起镜中珠饱，光射窗中花扰。消遣一衰翁，鳊项缩来欲槁。休恼休恼，昨夜春山先老。

又 小游仙

一色花飞莺报，五色烟轻云罩。梦里屡骖鸾，只是今生未到。谁道谁道，只有人间春好。

又 前题

天酒玉童斟送，秋水小鬟低诵。今日与他生，一径琼壶花动。非梦非梦，波动月原不动。

长相思 春恨

莺乱飞，花乱飞。总爱春光去不违，谁知春事非。
风满扉，雨满扉。坐待玄禽暮不归，孤云绕翠微。

又 前题

待寻芳，懒寻芳。褪粉梨花背夕阳，清明未断霜。
游丝长，柳丝长。欲绾春光春又忙，辛夷早绽香。

又 落日

海天宽，暮烟残。才得团圞对面看，还沉山外山。
人倚阑，鸟飞还。回首东风一碧寒，婵娟欲上难。

醉太平 冬夜

霜枫坠丹，风窗送寒。心知明月光残，转墙西小弯。
巍巍豹关，迢迢玉山。梦回还在人间，听鸡声夜阑。

生查子 春感

梨花一片飞，飞落春衫袖。莫漫爱余香，春去君知否？
青郊骢马儿，浪醉旗亭酒。不是不催归，宝鞭在君手。

又　秋感

藕花艳银塘，玉露凋零尽。素蝶不知愁，波影弄金粉。
飞飞飞不去，日暮西风紧。为惜白蘋香，怕受微霜损。

点绛唇　飞花

不是人间，定然无个藏春处。和风和雨，抵死惊飞去。
暖日晴风，犹自难留住。天涯路，金勒驹骄，踏作红尘土。

浣溪沙　秋感

风剪芙蓉坠晚香，冲波难认旧鸳鸯，秋宵渐永尽思量。
几度相逢唯梦里，疑非疑是不端详，鹭鸶空带满头霜。

又　冬景

款冻额黄晕浅檀，金罂颊醉半胭丹，妒他临老更芳颜。
落叶泠泠清影瘦，败荷剪剪绿云干，争教不怯晓来寒。

又　冬望

缥缈云丝展碧空，孤峰峰影影孤松，天南天北雁来风。
极目江山无止竟，伤心日月太从容，霜枫依旧半林红。

又 病起春日小步

水浅平田碧几丛，出胎初叶剪娇红，匀匀梳柳半溪风。

小雪去年门外影，如今还落夕阳中，春光不道不从容。

添字昭君怨

友人刘懿庵营虎塘颇胜，没后鞠为茂草，赋此寄叹。

燕垒粉垣香坠，蜚馆蓼花红碎。行人莫唱水东流，水西流。

柳外画船箫鼓，帘外梅龙烟雨。当年原倩遣闲愁，惹闲愁。

摊破浣溪沙 病中与刘李二生夜话

曾把榆钱买少年，少年已是奈何天。为忆杨花未落，已啼鹃。

阅尽闲愁都是梦，不知残梦在谁边。赢得如今蚕老，已三眠。

又 夏景

隐隐轻雷挂断虹，平田高下与溪通。溪外罩鱼人影，落波中。

屐齿泥融双印直，葛衣风漾一襟松。回看西峰峰外，半青红。

菩萨蛮　遣愁

半生只伴闲愁住，如今却待驱愁去。归鸟没遥天，云横斜照边。

乾坤看一笑，愁到何时了！抛掷与征鸿，霜宵唳晓空。

诉衷情　春景

东风亭午摆垂杨，丝丝日日长。吹落梅花无数，不解惜幽香。

落霞紫，暮烟黄，送斜阳。无凭天气，一霎融合，蜂蝶空忙。

丑奴儿令　和李后主秋怨

当年谁送江南怨，云树悲秋，舴艋含愁，月影消沉玉一钩。

无数蜻蜓飞晚照，红蓼梢头，款款嬉游，水冷蘋花带影流。

忆秦娥　蓼花

秋江渺，秋心独展幽芳(悄)。幽芳悄，护臂纱轻，注唇丹小。

芦花风乱汀洲绕，采芳人远知音少。知音少，几叶渔船，一轮残照。

又 病中寒卧

寒无那，冻云乍裂晴难果。晴难果，纸窗低觑，庞眉深锁。

年华容易催人过，寒威荏苒留人卧。留人卧，乍梦春生，鸡声啼破。

又 前题

酸风恶，寒梅不管丹枫落。丹枫落，当年也似，梅含朱萼。

侵窗云暗睛珠夺，压肌衣重腰弓弱。腰弓弱，曾闻衰老，而今方觉。

谒金门 小除夕

年华骤，闪闪孤灯依旧。半盏春前村酝酒，病里还消受。

一剑天风孤吼，千里暮云铺就。不惜镜中人易朽，只笑恒河皱。

减字木兰花 忆旧

春溪水满，月向桃花香处暖。几叶芭蕉，绿影斜侵嫩草苗。

碧烟日罩，遥听江城歌管闹。小步闲吟，一径苔阴万里心。

又　前题

江湖短剑，醉卧不知谁野店。笑傲刀兵，月落猿啼客梦惊。

寒更历尽，孤雁孤飞栖不稳。为问青天，锦瑟谁人续断弦？

清平乐　咏雨

归禽向暝，隔断南枝径。不管垂杨珠泪迸，滴碎荷声千顷。

随波赚杀鱼儿，浮蘋乍满清池。谁信碧云深处，夕阳仍在天涯。

又　问刘存孺索香橙

秋光已尽，月也幽香褪。只有霜膏团紫晕，仙雾兰浆深酝。

小窗读易初晴，药炉风软烟轻。莫遣先生午睡，凭教鼻观惺惺。

阮郎归　本意

桃花流水紫云深，瑶京路易寻。人间何事苦关心，匆匆下碧岑。

才燕语，又螿吟，飞霜两鬓侵。玉壶鸳语信空沉，藤萝锁翠阴。

又 前题

当年只解爱桃开，寻芳得得来。仙娥容易许仙才，霓裳浪与裁。

愁弄月，怕驱雷，由来非圣胎。巫山别有楚阳台，行云梦不回。

西江月 春日野兴

草绿黄犉归晚，溪平白鸟飞低。小池春藕半沉泥，渐近梅酸天气。

昨日社逢雨止，今年闰放春迟。寒深茸母短芽稀，未与山厨做美。

又 重过续梦庵

残梦当年欲续，草庵一枕偷闲。无端幻出苦邯郸，禁杀骑驴腐汉。

几度刀兵背血，十年孤寡辛酸。潭龙鼾睡太痴顽，欲续衰年已懒。

鹧鸪天 白莲

敛束檀心吐半丝，迟回妆靓暗香吹。绿窗独倚珠千泪，团扇斜窥玉一规。

清露浅，碧烟微，闲心自照镜光知。鹿门漫作无情句，月冷风清欲坠时。

玉楼春　白莲

娟娟片月涵秋影，低照银塘光不定。绿云冉冉粉初匀，玉露泠泠香自省。

荻花风起秋波冷，独拥檀心窥晓镜。他时欲与问归魂，水碧天空清夜永。

一剪梅　春晚

妒花风雨在花前，开也堪怜，落复何言。愁魂斜亸泪珠悬，弱蒂难坚，红影难圆。

何事迷香双蛱蝶，浪向东园，魂梦相牵。谁知不是养花天，试听啼鹃，春在谁边？

蝶恋花　衰柳

为问西风因底怨，百转千回，苦要情丝断。叶叶飘零都不管，回塘早似天涯远。

阵阵寒鸦飞影乱。总趁斜阳，谁肯还留恋？梦里鹅黄拖锦线，春光难借寒蝉唤。

粉蝶儿 咏霜

问天涯，有几多寒情冷绪？怕春来、游丝飞絮，更因风、黏住了，江天红树。弄轻盈，勾引教飞去。

悄不知小桥西，荒鸡催曙。月斜时，揉碎一天珠露。苦恁将酸风勒住。尽凄凉，拼与寒鸦低诉。

醉春风 咏蝶

红影纷无数，偷眼斜回觑。阑干十二绣帘垂，住住住。乱蕊繁花，熏人无奈，非侬留处。

绿影轻风度，芳草天涯路。翩翩清梦自逍遥，去去去。纵使飘零，依然不似，轻狂柳絮。

风中柳 水桂

不惜轻盈，取次浓妆珠蕊。似凭阑，绿云倦倚。低鬟微笑，喷兰襟香细。敛幽情，闲心如水。

道是江妃，还似月中仙子。向秋清，露凝芳髓。冷然孤秀，怕微霜风起。索细挽，柔条重觑。

青玉案 秋海棠

雕阑玉露凝珠屑，长只恐、芳魂折。日暮碧烟相护切。翠鬟低弹，胭脂淡染，了不愁孤怯。

含情静解丁香结，浅笑偷窥清夜月。自惜断肠谁与说。金风蝶困，归云燕去，唯有寒蝉咽。

行香子　游珍珠岩

流水淙淙，涧草茸茸。转苍湾、午日霞烘。赤城围玉，紫盖擎空。试问仙翁今何在，绛云封。

芒鞋几两，青山踏遍，乍桃溪、一曲相逢。平田下望，雾霭烟蒙。谁人知我，极远目，送归鸿。

江城梅花引　病中口占示刘生

和灯和影一双双，耐凄凉，尽凄凉，天也难教，病骨老来降。还欲共天争旖旎，空碧里，弄轻狂、竞飞霜。

飞霜，飞霜，夜何长，有难忘，自难忘。梦也梦也，还认得、烟水微茫。待把疏星，斜月与分张。一叶暗飘风不定，飞去也，尽飘零、在回塘。

碧芙蓉　阙题

风定小窗明，半睡初阑，双眉乍展。追数余寒，浪过春半。花有恨、一枝不稳；柳如人、三眠已倦。莫更惜、几日韶光，催取玉矾香满。

还愁轻暖处，更一丝云茧，横掠山腰，虽则暂时消散。怕黄昏、玉绳低挂，又参差、碧绡斜卷。青天如梦，倩取百啭啼莺唤。

满江红　藤蓑词

一幅藤蓑，遥领取、江门风月。钓竿把、孤舟独泛，沧波喷雪。倚棹腾腾吹笛去，冲风直犯金鳌窟。有些些、闲事不关心，同谁说？

灯一点，渔歌歇。天一碧，归禽没。买村醪自酌，醉梳华发。扑岸芦花飞已尽，雁声不咒西风劣。又何妨、拳足橛头中，霜衾铁。

天　香

余冬雪霁，念早梅应开，病中不得寻访，怅然有作。

霜薄含冰，云轻弄雪，未遣珊珠红褪。夕坞回塘谁借问，早把琼心幽酝。也应待我，向月下、微吟相讯。自惜自怜孤影，半吐半垂清晕。

来时早莺啼破，几点点、玉钱绿衬。便与寻芳已晚，粉残香损。犹自不成辜负，却只恐、东风垂柳困。梦里依然，蝶魂相趁。

凤凰台上忆吹箫　忆旧

楚塞天遥，漓江雨冷，烟云湿透征衣。指数峰残雪，候雁先归。堪叹生生死死，今生事、莫遣心违。家山里，一枝栖稳，碧草春肥。

依依，旧家枝叶，梦不到岘山，风雪霏微。念镜中霜鬓，人老渔矶。指点棠梨春雨，犹应化、白蝶双飞。孤飞也，寒烟羃䍥，灯火荆扉。

满庭芳　初夏

颗颗梅珠，条条菖叶，不须更怨春归。垂杨风软，练鹊一双飞。自爱芳塘素影，与波光、上下争晖。闲日永，新来病浅，相赏莫相违。

当年还似此，年华虽老，不道今非。问灵均去后，谁剪荷衣？日暮轻云凝绿，遥天迥、笑揖湘妃。还应有，芙蓉出水，妆点钓鱼矶。

念奴娇　松影

擎云缥缈，有五鬣仙姿，凭谁细数？半顷黄茸茵藉软，移上素琴冰柱。缕缕丝丝，断纹交映，细写双清谱。疏光逗漏，幽香几许暗度。

一霎云散西清，迟迟送上，到回峦高处。垂霭霏微深黛转，似把归禽低护。雾冷山空，一枝斜闪，犹在寻香路。夕阳易没，轻阴且趁归去。

又　柳影

半塘春水，早光透玻璃，绿鬟倒亸。曲岸苔平铺径净，还惹晴风轻簸。叶叶衣凉，垂垂佩委，碎剪绿阴破。柔情不定，翠眉偏映双锁。

为问庭院沉沉，画垣几曲，却放春愁过。巷陌斜阳偷送出，款款碧烟萦裹。乱点征衫，横拖玉勒，似惜垂鞭堕。犹愁未稳，黄鹂更着一个。

又　竹影

纸窗僧院，记湿云初散，秋山如洗。缭绕茶烟轻袅外，荇藻淡生空水。檐雀低飞，松鼯偷窜，欲压还扶起。兰风微展，泠然斜亸仙袂。

不道活现金身，寻根拨叶，问几茎叠翠。断续晴岚飞片片，总入虚澄镜里。题字遮残，疏棂界破，历乱毵毵尾。闲心窥破，阑干何事重倚？

又　梅影

香魂近远，却早离枝上，暗黏芳草。为惜清姿全似水，幻作碧膏笼罩。侧坠蜂须，半凋珠颗，非被冰霜恼。侵阶零乱，素痕未许人扫。

遥想萼绿仙姿，绣妆剪彩，那似晴光好。斜转回塘清浅里，脉脉相看微笑。冻蝶低飞，疑非疑是，无奈阴寒峭。暄风动后，浓阴任遣莺闹。

又　雁影

关河迢递，恨塞日昏黄，难传标格。沙净水澄清澈好，点点萧萧历历。晓镜修眉，清波皱影，淡写层层碧。分明瞥见，孤舟莫弄渔笛。

贴水浴鹭争飞，凌乱波纹，未放千双直。风裂云痕开夕照，还与芦花相即。野岸霜前，南楼月下，应恨无人识。晓来无据，教人空望天北。

又　蝶影

纨衣试暖，乍圆印苔钱，旋添花晕。药径日高风力软，细逐落花低陨。微掩香须，别裁黄袂，金粉应初褪。雕阑重叠，玉阶未遣全认。

小院午睡方醒，扇罗乍觑，似扑芳魂损。侧转忽如秋叶舞，又向碧纱窗隐。垂柳参差，红芽掩映，梦也无凭准。殢人凭槛，凝眸无那娇困。

又　云影

层峦飞映，似缥缈神山，因风离合。簇簇青莲轻度过，却绕孤峰三匝。极目空明，遥天无际，瑶镜微笼匣。平沉远树，翠光略吐尖甲。

曳仗闲倚亭皋，微飙下拂，便凉生一霎。荷芰半塘新绿暗，忽染素罗轻夹。回首吾庐，午烟遥接，一幅青绡裹。数竿修竹，风梢还与低压。

又　波影

晴江春晓，但摇曳落花，溶溶东下。谁送素绫千皱褶，直上画檐鸳瓦。镜面回灯，月轮浮雪，一色飞光下。游丝婀娜，吹来似欲相惹。

一霎汞走珠流，应有渔舟，兰棹纵横把。迸散一天星斗乱，不觉银河西泻。惊碎还圆，轻匀稍淡，移向荼蘼架。日高风静，潇湘依旧如画。

又　帘影

莺啼报曙，早惊觉绣帷，星眸欲炫。起看瓶花香渐喷，的皪深红如颤。衣剪轻罗，参差三五，恰透冰肌现。钗光闪烁，翠鬟怕有撩乱。

恰好细数湘纹，无端搅动，奈飞来双燕。还忆夜香烧罢后，炉杀玉蟾光满。何似疏筠，半笼晓色，一尽来回便。檐阴未半，银钩且莫高卷。

又 帆影

西风落照，看渺渺沧洲，烟波无际。一段轻阴相趁转，不许兰桡惊碎。略带神鸦，时飘芦叶，曲映江枫紫。凭遮客鬓，怕教照见憔悴。

有人独倚危楼，沙际迟回，疑是归舟系。已过轻鸥飞起处，不见旗梢燕尾。荡入中流，斜侵隔岸，依旧萦沙嘴。回头北渚，唯余塔影孤峙。

又 影戏影

笑啼俱假，但绰约风流，依稀还似。半壁粉墙低映月，卖弄佳人才子。情丝牵引，清光回照，漫道伤心死。猛然觑破，原来情薄一纸。

应是缥缈飞仙，当年窃药，落在银蟾里。半面人闲高处望，传与霓裳歌吹。有意留仙，难禁夜短，还怕灯花坠。迷楼吐焰，倩谁挽住香袂。

又 走马灯影

炎光未谢，竞的卢飞跃，争先赤兔。才转危坡还注坂，横戟无心回顾。汗血追风，怒鬣奋臂，总被流光误。暗中毂转，蚁磨几时停住。

儿童莫笑来回，半针尖里，走英雄如鹜。终是虾跳难出斗，渐有荒鸡催曙。五夜光残，一丝气冷，敲罢边腔鼓。勋名半纸，无人重与偷觑。

又　姜斋影

衰病弥月，一切尽遣。拥火枯坐，心无所寄。因戏作诸影词，引半缕活气，令不分散。孤灯下忽见婆娑在壁，因念人知非我之无彼，不知非彼之无我也。留连珍重，旋与评唱一阕。

孤灯无奈，向颓墙破壁，为余出丑。秋水蜻蜓无着处，全现败荷衰柳。画里圈叉，图中黑白，欲说原无口。只应笑我，杜鹃啼到春后。

当日落魄苍梧，云暗天低，准拟藏衰朽。断岭斜阳枯树底，更与行监坐守。勾撮指天，霜丝拂项，皂帽仍黏首。问君去日，有人还似君否？

永遇乐　纸窗日影

笼月云轻，开萍水碧，问还似否。落叶旋飞，雁声空度，未计闲情生受。乍暖熏肌，残红上颊，睡眼半醒相逗。却猜疑、荔枝初剖，紫晕冰绡微透。

镜匣斜开，枕痕淡染，粉面如中卯酒。含笑迎眸，回光相映，应念人消瘦。乳雀低飞，岭云横度，已怨暂时僝僽。更只恐午梦将阑，未许偎人长久。

惜余春慢　本意

似惜花娇，如怜柳懒，前日峭寒深护。从今追数，雨雨风风，总是被他轻误。便与挥手东风，闲愁抛向，绿阴深处。也应念曲岸，数枝新柳，不禁飞絮。

争遣不、烧烛留欢，暗邀花住，坐待啼莺催曙。怕燕子归来，定巢栖稳，不解商量细语。未拟扳留长久，乍雨乍晴，由来无据。待荷珠露满，梅丸黄熟，任伊归去。

沁园春　浑天球

黍子匀黄，吉贝衔绒，莫问因谁。但既在于中，自堪细数；未超其外，不得旁窥。暗去明来，偷寒送暖，无情还作有情痴。相怜甚，教碧绡帘幕，翠拥珠围。

知恩今古人稀，犹自把双灯照路迷。更划断鸿沟，不随毂转；调成玉律，一任清吹。彩缕交萦，金梭互掷，珍重天孙织锦机。莫辜负，听球门箫鼓，对打争驰。

摸鱼儿　咏霜

向深秋、芦花风起，吹散一天珠露。六铢仙袂新裁薄，剪落冰丝千缕。轻盈舞，还只恐、素娥镜里深相妒。欲留教住。奈晴色窥人，断云送暖，蓦地催归去。

更谁念，暗壁吟蛩正苦，遥向征鸿低诉。平沙野水朦胧影，难认白蘋香处。春期误，却早遣、啼鹃血泪沾江树。暝烟休护。又何似明朝，天低日淡，散作萧疏雨。

又

辛幼安伤春词，悲凉动今古，惜其蛾眉买赋之句，未忘身世，为次其韵以广之。

总由他、闲愁不管，才来又还催去。悠悠一派东流水，载得落花无数。人长住，却笑伊、来回奔走天涯路。凭阑无语。终不似黄莺，苦爱东风，百啭迎人絮。

今古事，莫待怨谁相误，可但月来云妒。伤春未已伤秋赋，重倩吟蛩寒诉。琼花舞，又早见、玉山瑶井填黄土。无为自苦。待人散月斜，日长山静，侬自有归处。

又

辛词烟柳斜阳之句，宜其悲也，乃尤有甚于彼者，复用韵写之。

向西园、花飞一片，早已伤心春去。残红落尽更如今，难把流光追数。留不住，征鸿影、黄沙紫塞秦关路。从谁寄语。道有人独对，雨打梨花，看黏泥飞絮。

倩流水，欲觅芳踪还误，津头风雨深妒。凄凉庾信江南赋，难向无情天诉。为楚舞，流不尽、楚歌血溅阴陵土。寸心知苦。望万里荒烟，一蓑渔艇，渺渺无归处。

贺新郎　上巳前一日雪

春自无愁耳。笑无端、一枝浅绛，半林新翠。便拟东风相宠惜，暗约柳丝萦系。乔相赚、落霞片紫。斜日烟笼沉海底，早蛟风乱剪云皴碎。鲛泪冷，弥天坠。

寒澌渐结流觞滞。便拼得、兰亭休赏，龙门堪醉。糁径不遮春草绿，略染西峰螺髻。删不了、朗清天气。乍与碧桃争粉素，奈铅华俄顷成流水。今视昔，应如是。

多丽　别恨

悄年华，偏是流光难掷。梦回时、分明眼底，离亭杨柳初折。浑相忘、金微路远，与扳留、青组珠勒。天涯何处，漫生芳草？归来珍重，怕逢啼鴂。重思省、元来是梦，生死关河隔。今生永、迢迢良夜，如何拼得！

只当年、华灯影里，鸳鸯绣带轻拆。怨落花、浪随流水，消尽西园旧春色。孤馆黄昏，雨丝云片，苍苔满地无人迹。问青天，何意留住孤鸾只？教空辜负，当年无限，山海恩德。

哨遍　广归去来辞

苏子瞻檃括《归去来辞》，陶公之余沈也。吾自有大归大去而大来者，为期未知远近。然知迟迟之不如接淅久矣。因借其韵，以自抒己怀。

一领青蓑，一柄长镵，也是闲牵累。归去来，何处可言归？旧家山目前即是。知者稀，谁堪就问津路，莫将黄叶迷童稚。凭冷觑春花，闲看秋月，苍天伎俩止此。笑乾坤两扇半开扉，任柳絮穿帘扑面飞。既不黏泥，自然轻脱，唯吾之意。

噫！归去来兮，纵横万里人间世。嚼囫囵橄榄，来回甘苦知味。弄二月轻雷，散一天暮霭，倾倒银河香水。酿就蜂蜜，惊回蚁梦，丈夫当如此矣。昭昭白白亭午时，驾玉虬停骖一问之。向虞渊、可容转计。烛龙今在何处？料也难酬答，但斟北斗天浆满斝，恣我花前沉醉。归来斩尽一团疑，胡不归，漫留止。

捣练子　咏霜

孤月上，夕风微，忍得寒生玉粟肥。征雁千双空里过，可能带得向南飞？

忆王孙　本意

芦花谁覆钓鱼船，宝玦藏腰未敢言，落叶惊乌月上弦。夜如年，春梦无人与再圆。

又

蜂投窗纸，掇遣飞去，戏祝之寓意。

白云迷望转霏微，别径人间去不违，好逐桃花一片飞。阮郎归，莫问天台路是非。

如梦令　写恨

恩重玉簪金管，愁尽玉鱼金碗。莫道只今生，万岁难消春恨。泪眼泪眼，颗颗零零珠串。

又　春闺

抛却瓶花蒂软，坐待盘香线断。不见也还休，门外莺忙蝶乱。谁卷谁卷？一轴画帘银蒜。

长相思　石榴

蕊珠宫，碧霞封。风裂云痕一线空，繁星数点逢。
素绡重，隔帘栊。丹荔新餐玉液浓，杨妃病齿红。

生查子　咏史（六首）

长平十万人，一夜秦坑杀。鱼死浊流中，不祭乘时獭。
死坑未是愁，惟有生坑恶。眢井埋蟾蜍，欲跳只三脚。

沙中奋一椎，飞影不知处。知非赌命场，不下千金注。
蒲山电眼儿，约略知其趣。豪气未能降，长揖关朗去。

千秋铜雀台，肠断西陵妓。谁念故园空，豆蔻含胎死。
清漳自东流，粉黛愁难洗。分得余香归，骄杀邯郸子。

青衣抱玉觞，独向苍天哭。天有无情时，历乱双鹅扑。
杜鹃啼不休，商陆子难熟。流泪一千年，血迹西台续。

阿姨骂不瞋，为怕鹦哥骂。猫儿杀鹦哥，才卜归魂卦。
堂堂灵隐僧，桂子香清夜。五字万年碑，竟是谁天下！

龙凤是何年？人间瞒不得。空谷无人行，且喜似人迹。
可怜松雪翁，不惜天水碧。马腹君自投，芳草嘶南陌。

浣溪沙 桃花

初破灵砂颗颗肥，绿烟轻绕护霏微，晴烘休漫怕丹飞。
结子他年千岁熟，如今刚半过春晖，莫教轻放阮郎归。

又 前题

春恨拚教柳带长，朱颜贪要醉霞觞，临风临水笑双双。
欲洗儿容争采摘，却随蝶梦尽飘扬，爱他娇艳奈他狂。

又 李花

前日冰花万树飞，晴风初解晓寒威，谁铺琼蕊更霏微。

却怪乍来双燕子，涎涎尾掠素光肥，应如雪夜待人归。

又 前题

流水前湾晓镜清，粉香玉润素绡轻，欲邀月姊伴飞琼。

不可久留仙佩冷，夭桃争赛妒颜赪，江梅残梦正相迎。

摊破浣溪沙 偶兴

为讯南朝燕子飞，人间何处有乌衣？不是旧家庭院，也争归。

低啄絮泥防易落，不知疏柳坠残晖，还与一双蝙蝠，傍檐飞。

谒金门 示意有授

幽绪悄，欹枕梦回分晓。俯仰乾坤霜月皎，此际愁多少。

欲洗长空天杳，袖里青虹光袅。相倩一挥云汉表，莫打闲之绕。

玉楼春 归雁

秦关楚水天涯路，惟有归鸿知住处。经时已换蓼花洲，依旧难忘芳草渡。

南天回首苍烟暮，寄语玄禽归也误。垂杨千树乱啼鸦，谁听呢喃清昼语？

一剪梅　答须竹所问

北海残碑数字传，前日烽烟，今日苍烟。湘灵雁柱鼓湘川，欲扣清弦，还恐惊弦。

闲心遥寄水云边，莫问湖天，自有壶天。忘忧春暖锦堂萱，好种芝田，且看桑田。李北海岳麓碑为野火烧毁。嘉兴吕师濂拾十数字于芳草中，今更不知在否？

临江仙　水仙花

道雪无香都不是，峭寒一点春融。昨宵烟月水涵空。粉肥略带影，绿弱不禁风。

遥与碧窗人似玉，檀心深锁重重。倚阑初日照憨慵。春纤珠串坠，仙袂素罗松。

蝶恋花　候雁不至

曾倩归飞双燕子，换取宾鸿，来渡潇湘水。云线乌丝阑画纸，素绡好写关河字。

斜日寒鸦飞接翅，为底迷留，白草黄沙地？搔首问天天似醉，南楼霜冷丹枫坠。

渔家傲　翠涛作煨榾柮诗索和，以词代之（六首）

炉影圆红烟尾曳，汤瓶渐送松声碎。不是村醪无米兑。难成醉，酸风昨夜新伤肺。

青镜古今多少泪，无缘却向寒崖坠。明月在天霜满地。愁也未，两茎铁脊舒腰睡。

薄日渐消霜径粉，荷锄细把枯株认。惜取山矾休蹙损。春事近，香风遣透幽窗喷。

橡斗藤花诛已尽，杜鹃无蕊盘根稳。劚得归来刚一畚。煨教烬，明年莫更啼春恨。

双髻峰头千树缟，轻松钟乳玲珑罩。相聚团圞围土灶。愁欲倒，而今却忆愁时好。

不怨融和春不早，春云怕障邯郸道。旧梦不成人愈老。流莺恼，凭谁唤醒粘天草。

鹁鸽桃纹千炼熟，枣膏胡粉和香筑。凤翅狻猊填绛绿。红光簇，貂珰门外神荼矗。

残梦京华难再续，空山雪子埋牛目。几橛枯株鹰爪秃。谁人劚？跛奴运斧还伤足。天启间，大珰捣炭，和以枣粉，作门神。雕镂精巧，爇立门侧。

残火星星容易灺，鹿头虎爪相撑架。渐次圆囵低复亚。难消夜，凭谁细数兴亡话。

正闰参差王与霸，妖狐也把骷髅挂。肉馅馒头人瓮鲊。都休也，猎人不怕猩猩骂。

膏腻孤灯花蕊褪，寒灰渐缩霜纹印。坐待一丝红影烬。眠不稳，梅花梦也无凭准。

十九年来毡啮尽，归鸿望断长安信。莫叹苏卿霜染鬓。渠非困，多他一倍还添闰。

诉衷情近　秋望

遥天一碧，回望西飞白鸟。乍临镜水摇空，又向莲峰弄影。风起素光斜映，薄袂萧清，悄觉凉襟迥。

双眸炯，今古寸心孤另。亭皋一叶，坠响枫林静。还重省，闲愁玄鸟，归迟幽绪，藕花香冷，梦到今宵永。

金人捧露盘　和曾纯甫春晚感旧韵

古崧台，双阙杳无踪。忆潮平、细浪溶溶。龙舟渡马，依然先帝玉花骢。冲冠发指，旗挥星落，血斩蛟红。

怨苍梧，斑管泪；沉白日，瘴云中。更背飞、孤影飘蓬。今生过也，魂归朱邸旧离宫。苔残碧瓦，鸳鸯碎、蔓草春风。

蓦山溪　听雨

闲抛数点，似洒无情泪。一晌悄无声，尽教疑、轻狂调戏。山溪蓦度，更不许人猜，浑似醉。全无谓，滥簸银河水。

玄云空腻，无力支天坠。荷盖小亭亭，应难留得琉璃脆。孤灯昏闪，瘦影未分明，愁不寐，情谁系，梦也心魂碎。

八六子　花朝夜窗中见月

荡春寒，一轮娟娟初上，烟暖云柔。奈灯穗影含金粟，药炉声泣寒蛩，凄然似秋。

无端还与绸缪。几线疏棂界破，半襟白夹光浮。想溪外梅花，低垂瘦影，斜窥流水，香魂欲绝，应共我、遥向素娥写怨，青天碧海悠悠。不禁愁，灭灯拥衾去休。

满江红　直述

泪冷金人，渭城远、酸风痛哭。君莫笑、痴狂不醒，口如布谷。堕地分明成艮兑，通身浑是乾坤肉。耿双眸、黑白不模糊，分棋局。

千钟粟，谁家粟？黄金屋，谁家屋？任锦心绣口，难忘题目。为问鹤归华表后，何人更唱还乡曲。把甲辰、尧纪到如今，从头读。

又　写怨

离亭人散，折不了、柳丝垂绿。尽桃花、飞尽故枝，缘终难续。雁影更沉湘岸月，鹍弦谁奏燕台筑？只空山、剩得老青蓑，掘黄独。

汗青照，文山福。紫芝采，商山禄。但荒草侵阶，修藤覆屋。井底血函空郑重，知音谁与挑灯读。问杜鹃、何日血啼干？商陆熟。

又

家兄倾背后，诸君见慰重叠，恤其衰病有逾量之奖，含泪作此答之。

丁宁千遍，教绾住、一枝飞絮。奈伶仃、孤燕归来，黄昏自语。纵使长条堪系马，栖鸦风冷斜阳暮。问前时、流水绕桃花，今何处？

沤已散，难重聚。镜已破，难重觑。听子规唤道，不如归去。他日天台花再发，人间自有刘郎遇。便痴迷、蝶梦不教醒，终无趣。

扫地花　忆旧

微霜碾玉，记日射檐光，小窗初透，夜寒深否？问素罗新裁，熨须铜斗。闲揽书帷，笑指砚冰，蹙皱香篝。有黄熟篆销，芳膏结纽。

自惹闲愁后，对莲岳云压，苔潭珠溅，炉烟孤瘦。叹渺渺京华，不堪回首。碧海人归，雄剑谁怜孤吼！空凝望，绕湘流、暮云荒岫。

水调歌头　惊梦

昨夜喧雷雨，一枕血潮奔。千红万紫撩乱，浪唤作芳春。大抵白霓婴茀，更有玉蟾偷药，蓦尔弄精魂。宝剑在侬手，闪霍动乾坤。

尽今生，梨花雨，打黄昏。历历悄悄，山寺钟声曙色分。待我铁眉刷翠，罩下金睛点漆，弹指转晶轮。十里杏花发，人道是祥云。

烛影摇红　十月十九日

瑞霭金台，琼枝光射龙楼雪。群仙笑指九阊开，朱凤翔丹穴。云暗雁风高揭，向海屋重标珠阙。彩鹓飞舞，日暖霜轻，小春佳节。

迢递谁知，碧鸡影里催啼鴂。骖鸾不待玉京游，难挽瑶池辙。黄竹歌声悲咽。望翠瓦、双鸳翼折。金茎露冷，几处啼乌，桥山夜月。

双双燕 除夕忆家兄

荒山百里，想残雪初晴，应同消受。莫还似我，只共寒炉相守。重叠山河冷泪，更梦对、团圞春昼。读书帷里华灯，献寿堂前椒酒。

辜负，当年人说，道仙苑芝英，一时三秀。山移海涸，别是人间花柳。还听金鸡玉漏。怕天也、妒人长久。但念今夕相怜，莫问明年健否。

解语花 鸳鸯梅

罗浮月下，豆蔻胎中，许结同心侣。渐启朱唇含浅笑，不倩绿衣歌舞。暄风疏雨，红袖敛、芳心自吐。一双双，永不分离，何事还含醋。

照影银塘低觑，向香泥玉藕，暗中增妒。彩禽欲唼还应惜，自趁桃波飞去。绿阴深处，尽抛与、多情细数。不差池、三十六双，作宜男绣谱。

绮罗香

读邵康节遗事，属纩之际，闻户外人语，惊问所语云何，且曰：我道复了幽州。声息如丝，俄顷逝矣。有感而作。

流水平桥，一声杜宇，早怕洛阳春暮。杨柳梧桐，旧梦了无寻处。拚午醉、日转花梢，夜阑风吹芳树。到更残、月落西峰，泠然蝴蝶忘归路。

关心一丝别罣。欲挽银河水，仙槎遥渡。万里闲愁，长怨迷离烟雾。任老眼、月窟幽寻，更无人、花前低诉。君知否？雁字云沉，难写伤心句。

薄幸　午睡觉问渠

当年是你，兜揽下、个侬来此。更不与、分明道止，竟如何安置。但随流、荡漾云痕，归鸿水底成人字。便俐齿嚼空，金睛出火，都则不关渠事。

但惜取刹那顷，忍不得、秋瓜藤坠。逗杀人，为霜禁冷，为风禁泪，镇柳丝、轻摆摇春水。到历头垂杪，半酣不睬难驱使。无端薄幸，付与乌鸢蝼蚁。

望梅　忆旧

如今风味，在东风微劣，片红初坠。早已知、疏柳垂丝，绾不住春光，斜阳烟际。漫倩游丝，邀取定巢燕子。更空梁泥落，竹影梢空，才栖还起。

阑干带愁重倚。又蛱蝶粘衣，粉痕深渍。拨不开、也似难忘，奈暝色催人，孤灯结蕊。梦锁寒帷，数尽题愁锦字。当年酝就万斛，送春残泪。

沁园春

翠涛六秩，每句戏用彩色字。

步碧萝湾，寻紫芝英，寿翠涛翁。忽逢赤松子，赴青女约；染千树绿，作小春红。微启朱唇，笑余白发，黍米丹砂岂未逢。若会得，则翠涛偕尔，稳住绛云中。

蔚蓝天色清空，但净洗黄尘即阆蓬。看漫天黑瘴，徒然黮䨴；当头皂帽，自许从容。素书宵授，玄文密印，彤云原自护雏龙。凭寄语，展双眉黛锁，霜老苍松。

贺新郎　寒食写怨

绵上飞乌恨。更龙蛇、追随四海，一时惊散。回首五云金粟地，不见玉骢珠汗。但扑地、苍烟撩乱。酒冷饧香休道也，梦石泉槐火成虚幻。棠杜雨，离肠断。

岳云回望莲花巘。尽凄凉、延陵十字，难酬幽愿。昨岁杯浆浇泪后，拼付寒螿莎馆。正夜雨、松杉绿满。一径苍苔行迹杳，想鸺鹠夜哭鼯鼪窜。寸草尽，春晖短。

以上《船山遗书》卷六十一《鼓棹二集》，点校所据底本及参校本同《鼓棹初集》。

寄调摸鱼儿　潇湘小八景词（八首）

国初瞿宗吉咏西湖景，学辛稼轩“君莫舞，君不见、玉环飞燕皆尘土”体，词意凄绝。乃宗吉时当西子湖洗会稽之耻，苎萝人得所托矣，固不宜怨者。乙未春，余寓形晋宁山中，聊取其体，仍寄调摸鱼儿，咏潇湘小八景。“水碧沙明”、“二十五弦”之怨，当有过者。阅今十年矣，搜破箧得之，亦了不异初意。深山春尽，花落鹃啼，乃不敢重吟此曲。乙巳上巳茱萸塘记。

其一　雁峰烟雨

插青天、俯临图画，一壁翠光欲滴。炎风吹断阳禽影，认得孤峰回翼。如相识，记寒声、萧萧咽尽霜华夕。望中何极。尽帘压千丝，窗飞一缕，垂幕笼轻碧。

回首处，犹记当时踪迹，危亭斜倚南陌。满城春滑笙歌腻，消尽银釭夜色。君莫惜，君不见、黄沙汉使无消息。秦关坐隔。听沙岸残更，野塘晓阵，总似三生笛。

其二　石鼓江山

瞰蒸湘、曲影双清，流下洞庭秋远。危崖突兀玉峰寒，界破苍流一线。谁许见，只鲛宫、金绳夜拥鱼龙怨。画船歌扇。对笑水江花，窥楼晕月，惹尽流霞片。

行乐地，记取韶光迅转，画阑彩笔题遍。云杳潇湘千顷碧，瞥眼武陵溪畔。君莫羡，君不见、渔阳挝断霓裳宴。沧桑已变。

想眉黛娇青，眼波凝绿，不是旧时面。

其三 东洲桃浪

剪中流、白蘋芳草，燕尾江分南浦。盈盈待学春花靥，人面年年如故。留春住，笑浮萍、轻狂旧梦迷残絮。棠桡无数。尽泛月莲舒，留仙裙在，载取春归去。

佳丽地，仙院迢遥烟雾，湿香飞上丹户。醮坛珠斗疏灯映，共作一天花雨。君莫诉，君不见、桃根已失江南渡。风狂雨妒。便万点落英，几湾流水，不是避秦路。

其四 西湖荷花

漾平塘、绿钱初展，正是乳鸦啼后。桃尖渐放朱霞晕，芳惹游鞭征袖。真如绣，点波纹、红绡青幛团绒皱。田田歌奏。问苦药寻莲，萦丝觅藕，几许多情逗。

莫浪语，西子湖头难又，锦屏十里香透。繁华满目江南梦，约略送愁时候。君莫嗅，君不见、清香销尽酸风瘦。秋容如旧。只莎草吟蛩，蓼花飞鹕，露冷金飙骤。

其五 花药春溪

启琳宫、暖回溪畔，江南共道春早。桃花新雨溶溶后，谁把琼浆酿造。壶天老，正望中、茶烟几线萦僧橑。燕泥香扫。快翠泛铜瓶，膏凝玉盏，鱼眼调香脑。

添胜迹，百道奔泉回抱，暗萦绿荇芳藻。泠泠碎玉夜声中，花院晨钟轻捣。君莫恼，君不见、玉矾落尽瑶京道。王孙芳草。纵百丈络丝，万条罗带，难系春光好。

其六　岳亭雪岭

翠屏遥、眉横七二，空青一派如洒。闲登危榭凭阑眄，垂幂同云覆野。银河泻，道飞来、杨花玉树都疑假。望迷鸳瓦。兴陵朱邸在焉。问酒拥销金，茶烹凤乳，若个偿春价。

赏心事，不在酒旗歌社，梅痕暗偷萼赭。冻髭笑指祝融君，故骑火龙未下。君莫惹，君不见、胡沙似雪催征马。笳声怨也。把塞北冰天，江南春色，都付渔樵话。

其七　朱陵仙洞

向苍崖、笛声吹裂，斜阳一片危岸。江流北泻雁南征，洞里春光无算。星灿烂，都应是、云中剑舞珠光按。花蹊棋馆。留满地苍苔，数峰烟树，掷与人间看。

仙户启，石乳倒垂银蒜，空山翠杳天半。百花桥阻玉壶远，谁倩鸳鸯低唤。君莫叹，君不见、彤云故锁三山断。罡风吹散。想华表鹤归，天台人返，怕见人民换。

其八　青草渔灯

截流澌、飞虹侧挂，长空流月孤影。斜收返照蔚蓝天，蘋末一江风冷。更漏静，罢鸣榔、停桡沙嘴星光耿。疏灯夜永，似说向人间，流光易谢，夜烛游须秉。

歌舞罢，追赏良宜此景，木兰牵动绿荇。樵青唱阕斗参横，残月又斜西岭。君莫省，君不见、芦中人老成萍梗。载愁舴艋。向牛饮溪边，羊裘滩上，别把丝纶整。

寄调摸鱼儿 潇湘大八景词（八首）

情者，非有区宇者也。有一可易情之区，移僚侘而昭苏之，何为怀此都哉！余歌小八景来，十六年矣。云中眇眇，北渚愁予。九疑修眉，烟秋不展。望里盈千，目飞无寄；续歌爰九，魂授尤勤。惘张乐之箫钟，哀琴在御；追泪筠之粉翠，香酒忘尊。然则迷不一方，思横三楚，固其所矣。重吟大八景词，复用瞿、辛原体，旌初志也。虽然，北逾冥厄，南度秦城，西望雨云之浦，东临日夜之江，岂但此哉，而只以寄情于畔岸耶！行且怨紫塞之归禽，唁苍山之吊鸟，于斯始矣。

其一 潇湘夜雨

望九疑、炉烟飞黛，远送玄云千里。斜阳枫岸平沉后，木末惊飙拂水。兰舟舣，荐新凉、银釭影颤篷声起。推窗闲盼，看幅幅轻绡，层层珠瀑，骀荡空青里。

清绝地，故是蕙汀兰沚，浅碧旧含芳蕊。朝来润浥灵苗发，共载天香云髓。君莫拟，君不见、楚骚歌阕兰蘅死。灵修邈矣。怕碎玉锹铮，金铃淋沥，吹入愁人耳。

其二 洞庭秋月

展平湖、一片玻璃，何处天围四野。金风轻卷千波雪，阵阵落晖低亚。真潇洒，渐西晶、连天接住东光射。冰轮上也，见镜吸空明，练飞霜影，一荡清无罅。

凭槛处，百尺丽谯飞榭，玉楼闪冉光乍。清魂摇曳浑无定，灵肉欲随羽化。君莫诧，君不见、南来猿鹤悲清夜。天孤月寡。叹吹笛王孙，朗吟仙客，倦理云軿驾。

其三　平沙落雁

问阳禽、北发天山，尺帛为谁长系？当年不作关山怨，但爱江南佳丽。秋无际，拥长汀、银膏玉屑堆光腻。横空如砌。宛一抹修眉，千行淡墨，欲坠还容曳。

菰米熟，千顷玄珠丰脆，何须更寻归计。丹枫染紫蘋花白，飞舞一江清霁。君莫睇，君不见、三更月落催哀唳。春光无蒂。早炎焰燔空，狂涛拍岸，羽驾何方税？

其四　远浦归帆

接长江、西上三巴，东下海门万里。高楼思妇天涯梦，昨日金钱送喜。春归矣，倩啼莺、遥催彩鹢乘风起。危阑闲倚。望碧浪参天，斜阳低树，片影浮空水。

相认处，素练双飞旗尾，夕风吹送旖旎。银釭对照江楼眼，收拾寄愁蠲纸。君莫盼，君不见、征人已老兰舟委。艨艟浪起。尽大帽白衣，摊钱打鼓，不向湘皋舣。

其五　渔村夕照

卷残虹、隔岸芦梢，低挂一团赩玉。紫金光聚明霞闪，雪洗鹭飞鸥浴。江一曲，舞轻桡、橛头车子相随逐。荻湾六六。听短笛横吹，棹歌遥答，共趁沙汀宿。

投竿处，牵动绡金波蹙，溅珠悬洒江粟。暝空欲敛西清色，一派炊烟凝绿。君莫瞩，君不见、羲轮无系西流速。云昏极目。

听哀雁啼更，孤篷打雨，难拟明朝旭。

其六　山市晴岚

俯江浔、滩临危磴，屏拥青蓉回抱。小桥流水平田迥，绿浪风生畦稻。当晴昊，散溪云、轻松一抹飞烟巧。青帘缭绕。有白笋黄鱼，红虾绿酒，装点旗亭好。

兰舟泊，正及江南春早，玉山何惜倾倒。桃花留客红垂晕，羃䍥轻绡笼罩。君莫恼，君不见、鲛人蜃客迷三岛。韶华易老。但棠杜花边，鹧鸪声里，瘴雨迷衰草。

其七　山寺晚钟

转汀洲、回峦斜拥，曲径松杉堆黛。落帆人语寒潭静，幡影风摇星彩。涵轻霭，渐潮声、鱼音梵呗喧金界。霜林惊籁。更百八绵连，噌吰嬽发，流响空青内。

深院锁，谁放鲸吟出海？澄江欻腾澎湃。唤回客梦清宵永，寂历闲心如洒。君莫骇，君不见、景阳旧恨台城改。佛灯绿叆。共窣堵铃鸣，相轮铎语，长夜悲兴败。

其八　江天暮雪

舞廉纤、不知是雪，还是沙明波素？同云返映晶光凝，暝色遥笼烟树。双无据，颤寒空、微霄极浦相回互。芦洲古渡。有孤艇篷窗，挑灯酌酒，唱彻梁园句。

知此夕，一派瑶峰玉宇，朦胧半函银兔。清晖的皪蛟冰漾，疑是东方已曙。君莫觑，君不见、回波难挽流澌住。珠摧玉仆。向帝女祠东，昭王潭北，直下长江去。

寄调蝶恋花　潇湘十景词（十首）

潇湘八景，不知始谁，差遣唯洞庭月、潇湘雨耳，他皆江南五千里所普摄也。“湖南清绝地，万古一长嗟。”杜陵游迹十七于神州，而期兹万古，岂徒然哉！潇水出自营浦，西北流五百里而得湘；湘水出兴安之海阳山，与漓背流，既合于潇，北流千二百里至巴陵北，大江自西来，注之，然后潇湘之名释而从江。此千五百里间，縠波绣壁，枫岸荻洲，清绝之名，于斯尠矣。迹不胜探，探其尤者，得十景焉。情物各有因缘，归宿不迷于万古。视诸帆雁岚雪，悠悠无择地者，不犹贤乎！仆雅欲为此词，不知何以未暇。歌八景后，驱笔猎之。吟际习为哀响，不能作和媚之音，应节为湘灵起舞曰：非我也，有臣妾我者存也。

其一　舜岭云峰

潇水自江华西北流至宁远九疑山北疑峰，恒有云藏其半岭，飞雨流淙，入潇水中。

九岭参差无定影。泪竹阴森，回合青溪冷。一片绿烟天际迥，迷离千里寒宵暝。

香雨飞来添碧凝。认是当年，望断苍梧恨。东下黄陵知远近，西崦落日回波映。

其二　香塘渌水

湘水径东安县东，有沉香塘，石壁罅插一株，云是沉水香，澄潭清冷，绿萝倒影。

湘水自分漓水下。曲曲潺湲，千里飞哀泻。冰玉半湾尘不惹，停凝欲挽东流驾。

百尺危崖谁羽化？一捻残香，拈插莓苔罅。忆自寻香人去也，寒原夕烧悲余灺。

其三 朝阳旭影

在零陵县潇水侧，去钴鉧潭、愚溪不远，北十里为湘口，是潇、湘合处。

瑶草难寻仙苑道。洞里春生，一霎韶光好。圆牖茏葱迎始照，天涯一点红轮小。

无那云端迷海峤。断送金乌，闷损飞光倒。纵有晶荧开霁昊，斜阳又被寒烟罩。

其四 浯溪苍壁

在祁阳县北，元次山勒颜鲁公《中兴颂》于崖壁。苔光水影，静目愉心。

谁倚磨崖题彩笔？记得中兴，仙李蟠根密。万里湘天开白日，晶光长射蛟龙室。

欲泛扁舟寻往迹。路隔丹梯，水弱罡风疾。日暮湘灵空鼓瑟，猿声偏向苍湾出。

其五 石鼓危崖

在衡阳县北，二水汇流，潭空崖古。

蒸水东流湘水北。一曲沧浪，映带青山色。旧是朱陵仙洞客，鹤归不向乌衣国。

江树迷离潭影侧。画槛筠帘，梦断春消息。击鼓冯夷寻未得，馋龙怪舞云生墨。

其六　岳峰远碧

自衡阳北三十里，至湘潭南六十里，岳峰浅碧，宛转入望。

见说随帆瞻九面。碧藕花开，朵朵波心现。晓日渐飞金碧颤，晶光返射湘江练。

谁遣迷云生绝巘。苍水仙踪，雾锁灵文篆。帝女修眉愁不展，深深未许人间见。

其七　昭山孤翠

一峰矗立江次，北去湘潭县三十里，下为暮云滩。

日落天低湘岸杳。迎目茏葱，独立苍峰小。道是昭王南狩道，空潭流怨波光袅。

绿影寒澄春放棹。记得当年，渌水歌年少。明月南枝乌鹊绕，登楼何处依刘表！

其八　铜官戍火

铜官浦在长沙北三十里。芦汀远岸，水香生于始夜。渔灯戍火，依微暮色间，如寒星映水。

打鼓津头知野戍。万里归舟，认得云中树。日落长沙春已暮，寒烟猎火中原路。

何处停桡深夜语？江黑云昏，莫向天涯去。旧是杜陵飘泊处，登山临水伤心句。

其九　湘湾曲岸

湘阴县北三十六湾，云是马殷所开。萦回清澈，出此即渐次入青草湖。李宾之诗“三十六湾湾对湾”者，是也。

为锁湘流东下缓。两岸芦梢，片片蒲帆短。寒水茫茫渔火乱，唯应曲里春风暖。

万古沅湘秋思满。六六湾头，绾住愁无算。无那湖光都不管，鼍风吹浪连天卷。

其十　君山浮黛

湖光极目，至君山，始见一片青芙蓉浮玻璃影上。自此出洞庭与江水合，谢朓所云“大江流日夜，客心悲未央”者，于焉始矣。湖南清绝，亦于此竟焉。

渺渺扁舟天一瞬。极目空清，只觉云根近。片影参差浮复隐，琉璃净挂青螺印。

忆自嬴皇相借问。尧女含颦，兰佩悲荒磷。泪竹千竿垂紫晕，宾鸿不寄苍梧信。

以上《船山遗书》卷六十二《潇湘怨词》，点校所据底本及参校本同《鼓棹初集》。

惜余春慢　为唐钦文寿

春色今年，争先竞好，一色绿隐万树。风绕云山奇岫，稻陇翠添新雨。南岳的皪，珠光遥映，罗浮寿度。正画堂荐酒，翾翾兰桂，瑞凝香雾。

记年来、清浅银河，桑枝屡换，唯有春光如故。仙槎稳泛，忠信波涛，忆得子西佳句。芳皋醉月，闲馆临花，啖蔗渐入甘处。一杖桃云，长邀柳径狂朋，松风小步。问几许余春，恰有黄鹂对语。

辑自《衡阳马桥唐氏五修族谱》卷十五

陈鹏年

陈鹏年（1663—1723），字北溟，别号沧洲，湘潭县人。康熙三十年（1691）进士。历任浙江西安、江苏山阳知县，江宁、苏州知府，署江苏布政使、武英殿修书总裁等职。晚年总督河道，不避寒暑，食宿于河堤，致积劳成疾，殁于任所。有《喝月词》六卷。

忆江南　月夜感旧（四十首）

良宵月，记得在都门。灯市秧歌腾紫陌，柳街烟火闹黄昏，驴背趁王孙。

良宵月，记在鼓山岑。九邑烟光轻似縠，十洲海色蘸成金，坐听老龙吟。

良宵月，记在武夷溪。玉女临妆方抹黛，金鸡怯晓不曾啼，闻笛数峰西。

良宵月，记上碧霞宫。玉浪寒凝天阙近，瑶冰吹落海门空，人在九霄中。

良宵月，记得在西泠。柳浪菱花何处泊，画桡歌板不曾停，云度几峰青。

良宵月，记得泊山塘。夜静虎丘台上望，也将杯酒吊贞娘，弦索太凄凉。

良宵月，记得在山阴。贺监亭边留赋客，湖南山下惹乡心，觞政夜沉沉。

良宵月，记得在江都。虎鼠堂中烟树隔，镇淮门外芰荷枯，小泊伴菰蒲。

良宵月，记得在邯郸。赵女帘前调皓齿，燕歌门外促雕鞍，梦觉已更残。

良宵月，记得渡河津。一夜严霜三万丈，征人须发尽如银，冰上走车轮。

良宵月，记得汴梁城。梁苑台空鸦作阵，夷门人去草成茔，茅店晓鸡声。

良宵月，记得在甘陵。漏滴衙斋空似木，砚寒乌几冻成冰，对榻有高朋。

良宵月，记得在盱江，天外青霞围郡郭，桥边红树趁烟墙，坛下酒泉香。

良宵月，记得在芝城。老子南楼殊不俗，词人江左尽知名，歌板夜琮琤。

良宵月，记得在杭川。拾翠羞含歌扇底，堕钗憨逼彩楼前，魂断可怜边。

良宵月，记得在钱塘。茗上客遗霜米白，江边舟买虎螯黄，天末话联床。

良宵月，记得在浔阳。五老峰前看瀑布，九江城外问柴桑，烟水夕茫茫。

良宵月，记得在铜陵。望断莲华天外路，九峰晴映一江澄，藜杖许谁登。

良宵月，采石大江边。几听邻船歌白苎，便携尊酒吊青莲，风景似当年。

良宵月，记得泊宜春。十里滩声山似戟，千家夜色屋如银，戍角泪沾巾。

良宵月，记得在金山。玉女露凝仙掌白，瑶台声落羽衣寒，鳌背好持竿。

良宵月，记得在金陵。最是六朝歌舞地，暮潮空打石头城，江上采菱声。

良宵月，记得在山阳。漂母祠边城似谷，天妃闸上岸如墙，驴背满头霜。

良宵月，湖口县门前。几向石钟山下泊，夜来鞺鞳更凄然，久客听无眠。

良宵月，记得在闽中。蜑艘瓶储倭酒绿，鲛人盘捧荔枝红，避暑越王宫。

良宵月，记在剑潭边。郭令旌麾怜酒客，花卿歌舞闹邻船，龙气也辉天。

良宵月，记在鲁龟蒙。说饼虞郎须似铁，跨驴罗子背如弓，衣上晓霜浓。

良宵月，记得走申州。马上衔枚腾虎气，岩边掬水看龙湫，鸡唱可怜秋。

良宵月，记得五湖傍。小艇夜冲烟雾去，故人家在水云乡，白露渐为霜。

良宵月，记品慧山泉。曲水亭边烹绿玉，卧云堂上蘸秋烟，檀板夜如年。

良宵月，记得渡漳河。邺下秋风嘶石马，华林芳草泣铜驼，击筑夜来多。

良宵月，记得在芦沟。回首千门犹驻马，桑干河水古今流，壮士按凉州。

良宵月，记坐拟兰亭。曲水细通人境绿，乱峰低护院门青，石榻夜泠泠。

良宵月，记得北津城。名士檀槽翻别调，使君蛮鼓换新声，画舫酒旗横。

良宵月，记在雾山巅。吹笛夜闻山鬼啸，打钟惊觉懒龙眠，云起渐如绵。

良宵月，记在祝融峰。铺尽海绵无缝处，秋空独坐钓鱼翁，除是广寒宫。

良宵月，记得在临皋。万里秋风凌赤嶂，数声渔笛落江涛，山水属吾曹。

良宵月，几岁鄂城西。榴火尊前传艾叶，菱荷风里唱杨枝，玉笛不须吹。

良宵月，几岁洞庭船。红蓼水深鼍鼓报，白蘋风起鲎帆悬，蓑笠自年年。

良宵月，今夕又空山。屋里篝灯秋共语，门前䆉稏夜知还，蓬户不曾关。

减字木兰花　长沙秋夜

萧条旅馆，冷月寒蛩秋又半。争奈销魂，灯下黄昏独掩门。

故园如昨，此夜金风偏寂寞。浪迹扁舟，露湿芦花满地愁。

惜分飞　即事

泪浸轻衫秋又冷，客况谁怜只影。薄命同桴梗，寒衣断送凉宵永。

淡月微风更漏静，无限愁肠耿耿。此恨凭伊逞，销魂懒把姿容整。

更漏子　即事

晓风前，残月里，何处秋心万里。曩日事，意中人，含情泪满巾。

露初零，霜遍野，已是韶光去也。聊觅句，强衔杯，离愁那得开。

踏莎行 秋暮有怀，同陈锦臣作

别浦霜寒，楚台云散，相逢陌上音书断。一声歌送谢娘秋，西风北雁斜阳短。

孔雀屏空，芙蓉镜懒，闲花冷砌无人管。暗销魂处又黄昏，丝丝泪湿罗衣满。

南歌子 送赵念昔返邗江，兼劝其天寒风劲，姑待来年

雁阵风初劲，篱华雨未收。离人刚有许多愁，也似一江春水向东流。

菊酒劳乡梦，寒衣断客舟。得停帆处且优游，争待烟花三月下扬州。

望江东 拟过岳麓阻雨

岳麓山前禹碑路，欲去寻、秋又雨。低迷晓雾横江树，望不见、西门渡。

松关锁在云深处，多分好、山僧踞。早撇开尘缘俗务，五岳从朝暮。

归国遥　星沙早发

天难晓，夜久更长思窈窕。睡起寒风袅袅，邻鸡声未了。

江上白蘋红蓼，扁舟波浪小。载得秋愁多少，家乡归梦绕。

湿罗衣　拨闷

玉虫销尽漏声残，芭蕉月上栏杆。独步空庭，轻衣夜寒。

忧来无绪盘桓，怨离鸾。故人何处？九回肠断，一曲心酸。

长相思　悼亡

生别离，死别离。粉瘦朱愁无见期，黄昏独坐时。

风凄凄，雨凄凄。此夕销魂人未知，含情强自支。

相思儿令　感怀

昨夜江边花信，底事恼人肠。无那年随流水，拼作负情郎。

记得洞室兰房，弃予中道徬徨。宵来谁寄寒衣，帘前白露为霜。

点绛唇　长沙旅怀

暗蹙眉峰，幽怀憔悴无心理。故园伊迩，剪断湘江水。

雨碎风酸，楼上新寒起。魂销矣，不堪弹指，愁杀行吟子。

菩萨蛮　自叹

朔风夜渡潇湘浦，纸窗愁杀蒙蒙雨。有客杜陵翁，□歌酒不空。

罗襦犹似旧，往日人存否？何日展眉尖，故园寒雪天。

浣溪沙　夜半有怀

夜冷灯残露渐浓，二更无语画楼空，谯门鼓角又惊风。

巫峡行云湘浦上，黄陵遗佩月明中，可怜愁杀断肠翁。

巫山一段云　即事因忆家园

小几凝灯白，深楼拨火红。纸窗萧飒又严风，墙外数声钟。

客梦关山外，离人雨雪中。彩衣空忆白头翁，魂断楚江东。

画堂春　夜坐

朔风吹雨夜三更，高楼坐久寒生。谯门击柝更凄清，敲断江城。

有酒难消旧恨，离家怕问归程。残灯四壁悄无声，怎奈伤情。

望江南　悼亡

无限事，记得旧年冬。一盏银釭深夜里，蚁尊浮碧兽炉红。诗酒胜梁鸿。

无限泪，暗自损柔肠。鸾镜不圆春已谢，枕边空剩鬓云香，谁念沈东阳？

阳台梦　野泊

江空日暖风无力，黄茅瘴里行人寂。浪花吹泊小洲丛，见沙禽起疾。

扁舟无个事，静看波纹如织。潇湘尽处是岣嵝，一缕晴云碧。

桃源忆故人　悼亡

绸缪夜夜明星烂，几度鸡鸣昧旦。此夕伤情人散，怎奈心撩乱。

夜深无语频幽叹，梦底数身香汗。恍惚醉醒谁判，怨杀痴情汉。

霜天晓角　感旧

眉峰碧聚，脉脉凭谁语。休说旧年今日，高堂梦、伤心处。

严寒惊岁暮，断肠门外路。莫问板舆拖绶，长安道、何时去？

小重山　寒夜不寐即景言怀

小屋寒多夜渐深。阵风搜破壁、雨淋铃。暗灯明灭漏沉沉。从前事，幽愤总难禁。

真个恼人心。相思寻别调，少知音。蓝桥断去到于今。双弦泪，谁复理瑶琴？

浪淘沙　寒夜与石千一对酒

残月转新晴，夜静寒生。霜花零乱打窗声。最是高堂今夕梦，暗数归程。

无计破愁城，过眼心惊。十年恼恨竟何成。兽炭银灯俱是泪，到底凄清。

秦楼月　寒夜即事

泪难拉，空帏独锁重门冷。重门冷，合欢床上，可怜孤影。

帘外雪华风更紧，夜深不寐宵偏永。宵偏永，十年尘梦，半生萍梗。

山花子 悼亡

宝鉴光销梦已沉，十年踪迹又零丁。怕与傍人谈往事，不堪听。

念到还思当日话，梦回难拥旧时衾。便似雨声都是泪，未曾停。

青衫湿 江上

青皇无语将春至，偏不管人愁。桃腮柳眼，东涂西抹，占尽风流。

新哀旧感，惊心寒食，烟雨江头。招魂何处？花边月底，哭断芳洲。

乌夜啼 春感

楼外飞花漠漠，江边细雨蒙蒙。几番误了佳时节，洒泪向东风。

旧恨悲看日落，故山望隔烟中。招魂又是清明也，无路哭苍穹。

鹊桥仙 江雨还湘

落花随浪，斜风送雨，辜负踏青时节。轻帆掉破半江烟，正岳麓、晓云蒙没。

故园如梦，韶光似矢，江上又过寒食。便做春江一样深，也流不尽、伤心血。

浣溪沙　听田歌

四月山村风景多，垂杨影里听秧歌，停喉宛转换新哦。

隔陇浮烟青郁郁，平田过雨绿婆娑，野人生计仗时和。

醉乡春　遣鹦鹉唤郎以下十五首，系拟艳词和韵

休把良期又误，羞与侍儿吩咐。金锁上，绿衣郎，真个解侬情愫。

低语倩伊来赴，莫教芳容暗度。惊相顾，转销魂，胆瓶着水浓花驻。

玉楼春　教美人写字

绮窗睡起腰肢懒，斜坐阑干寻玉管。深闺也自学临摹，滴露研朱春色暖。

鸳鸯刺罢临池缓，郎醉敲诗侬作伴。银光笺子墨霏香，细挹蔷薇花下盥。

误佳期　新妇拒郎，有倦态

可爱帘前明月，夜露深沉欲滴。看花容易护花难，管教狂蜂歇。

春色好流连，两下须珍惜。明朝依旧整芳容，早把珠胎结。

如梦令　深夜围棋，促郎完局

两队分明黑白，怎道雌雄难决。漏鼓更催人，教汝收军歃血。休劫休劫，夜剩半帘残月。

清平乐　姑问嫂

试春小袖，把鸳鸯懒绣。架上荼蘼花影瘦，又是标梅时候。

问伊曾记来时，新妆半结青缡。偷眼洞房春色，个中肯许侬知。

长相思　小姨看嫁

学新妆，整新妆。妹妹年年制嫁裳，看他出洞房。

朝同堂，暮同堂。这会佳期各自忙，教人暗断肠。

忆真娘 小尼送茶

听他月下低吟，过花阴。玉液琼浆、香冷沁人心。
休浪掷，轻酌酌，浅斟斟。送下空阶、悄步更难禁。

忆秦娥 醉妓

黄金斗，偎红倚翠华堂酒。华堂酒，满园春色，月明时候。
清歌妙舞难停手，腰肢袅似风中柳。风中柳，又烧高烛，海棠醒否?

惜分钗 检笥得妓鞋

西厢下，秋千架，春色年年怨衰谢。泪涓涓，手纤纤。怀中怕堕，箧里重拈，尖尖。
曾记得，当时节，握手临岐赠侬别。色犹新，气犹馨。风吹莲瓣，雨打花心，亲亲。

步蟾宫 共郎照镜

内家掠罢巫云髻。倦唤起、屏风共倚。新妆分与画眉郎，照两朵、芙蓉并蒂。
莲花貌似郎堪拟。却放在、鸾台影里。分明长是一双飞，莫教去、吴头楚尾。

连理枝　新姬慰郎悼亡室

懒上新妆阁，月冷窥罗幕。青冢年年，朱愁粉瘦，此心谁割。也识多情苦，素琴凄断，鸾弦再拨。

丑奴儿令　婢妒夫人

夜来斜着屏山倚，酒满金钟。月白花红，画锦堂前春色浓。
宵寒独把衾裯抱，悄步墙东。漏下冬冬，不管含情恨杀侬。

减字木兰花　群妾征歌，夫人按板

柔窝粉窟，法曲霓裳新谱得。檀板金尊，惊起鱼龙月色昏。
广寒宫里，一啜流霞天似水。笑入瑶台，吩咐兰香莫浪猜。

忆王孙　梦郎别

合欢床里暮春时，和雨和云起去迟。阮郎门外泪丝丝，转惊奇梦后，翻将觉处疑。

春光好

春院冷，月华明，弄幽情。谱得刀环调几声，夜三更。
阁上新词最艳，闺中韵语偏清。鹦鹉尊前还刻烛，待郎成。

夜游宫　凉宵感旧

坐久凉生四壁，空阶下、虫声唧唧。怕诉衷情恨似织。忆从前，夜深沉，人语寂。

忍抱琵琶泣，鸾衾凤枕今何夕？梦散阳台春又逝。愿来生，得重逢，花下誓。

醉花阴　月夜

露下阑干深夜悄，月落花阴早。转盼又清秋，檐外新凉，蟋蟀声儿闹。

疏灯不剪诗成了，怕沈郎腰小。怎得不牵怀，检点寒衣，箧里知多少。

醉落魄　霜夜

寒清夜漏，黄昏院外霜风骤，阿谁问取东阳瘦。落叶声声，似把门儿扣。

金猊宝鸭香如旧，合欢床上愁孤宿，红冰泪滴重衣透。欲剪银灯，作伴残更候。

以上卷第一

摘红英　春归

莺声巧，蜂声闹，门前一半春光了。游难定，情难尽。待我归来，落梅满径。

天应老，眉应扫，无聊底事愁多少。期须问，时须趁。夜来猛雨，又传花信。

好事近　九龙僧舍

帘卷午风清，独坐昼长人静。暂息天涯尘梦，入绳床禅定。

茗香先试武夷春，预把游期订。不管浮云踪迹，念故园音信。

南浦月　客夜

院落沉沉，小窗风透纱帷冷。重门漏永，独对青灯影。

水驿山程，未把归期问。愁千顷，我生萍梗，菽水凭谁省？

南乡子　中秋夜榕城望月

露下碧天寒，院落深沉夜渐阑。望断故园何处是，漫漫，客里思亲泪不干。

佳节懒成欢，万里烽烟去路难。明月不知关塞远，团团，异地他乡好共看。

醉桃源　嘉鱼舟中

疾风吹浪满江皋，片帆归路遥。满湖芦荻长新潮，巴山春雪消。

茗碗沸，篆烟烧，微吟兴尚饶。岳阳明月望迢迢，红楼倚玉箫。

月照梨花　夜坐

宝鼎烟袅，重栏花绕。独爇兰膏，夜凉人悄。卧看月落参横，渐三更。

辘轳又把秋心报，鳞鸿信杳，闲情多少。坐久银河转玉绳。四壁无声，草虫鸣。

巫山一段云　赠懋子归寿所欢

客舍离魂断，妆楼午梦长。久无蝶使到兰房，懊恨薄情郎。

鹤算传青鸟，宫裙佩紫囊。愆期归去过重阳，稽首进霞觞。

浣溪沙　戏赠李裕二

花样争夸黄四娘，风情谁似李三郎，双双携手坐兰房。

脸际犹侵眉黛色，袖间时带鬓云香，司空不管断人肠。

前调

昨日九衢春正妍，卖花声里雨如烟，避人时拂小桃笺。
郎去马嘶芳草路，侬归门掩绿杨边，免教辜负艳阳天。

清平乐 壬申二日舟中作

江山如许，岁岁依柔橹。两日新年春渐妩，载得一船烟雨。
凭他浪迹浮踪，闲愁付与东风。小市沽来尽醉，夜寒熟睡孤篷。

一痕沙 有感

记得梨花院落，夜对鹿车人弱。晨起拂牛衣，泪双挥。
付与朱愁粉瘦，七载罗襦仍旧。此恨更缠绵，在伊边。

月中行 汪曼园先生坐予漪园玩月，次韵奉答

几湾积水蘸村烟，烟水渐绵连。夜来得月好周旋，一刻值千钱。
风梳碧柳来凉早，露濯红亭倒影偏。听涛重到草庵前，空翠更茫然。

长相思　除夕送穷，和且园内父韵（三首）

固亦穷，滥亦穷。造物何曾分别穷，有情天亦穷。
鹑衣穷，桑枢穷。有鬼年年笑我穷，愿他怜我穷。

胠箧穷，回禄穷。金谷传闻一夜穷，何如我辈穷。
黄金穷，黑貂穷。五亩之宫不怕穷，休嗟季子穷。时金谷主人有因绿林与回禄乌有者。

蜡炬穷，爆竹穷。椒酒三行话旧穷，今年今夜穷。
山无穷，水无穷。海角天涯路不穷，何曾诗酒穷。

鹊桥仙　题王懋鹰小像

衣冠华楚，襟期磊落，旧是渡江王谢。寄情多半侣烟霞，听万斛、松涛如泻。

琴尊无恙，羲皇正永，家傍石公山下。折花刚报一枝春，应留取、渔樵闲话。

鹊桥仙　七夕和吴彤本原韵（二首）

荐瓜人散，谈天客去，旧事恍如昨日。针楼箫鼓正喧阗，看筵上、蛛丝千尺。

银潢迢递，鹊桥沾湿，容易千金一刻。人间天上总成痴，只儿女情、抛不得。

盈盈带水，匆匆半夜，隔岁仅能一见。合欢已自不曾闲，那得做、巧云片片。

石尤无赖，封姨惯妒，人世别离无限。玉河清浅作蓝桥，早更乞、天公方便。

以上卷第二

拂霓裳　秋晓

忆昨宵，夜深沉独坐萧寥。低檐外，暗风微雨湿芭蕉。耐形单影只，孤梦锁迢遥。启窗绡，听残更滴沥满城谯。

到今朝，秋声飒飒起鸣蜩。寒光逼，更凭谁手送金貂。况频年作客，信浪打篷飘。果无聊，任忘情、太上也魂销。

惜秋华　悼亡

细雨空蒙，到今宵、又是悲秋时节。懒下半窗，相思夜来肠裂。鸳床凤枕惊残梦，湿透几行啼血。时容易、韶光渐渐，繁花欲歇。

一会从兹诀。少年三共五，忍当离别。四壁蛩声唧唧，暗灯才灭。意中人去无踪，怎使人、寸心如铁。凄绝来生，还把前缘结。

庭院深深　即事

线作萦肠花作泪，昨宵梦里相逢，低声细语向帘栊。鸳魂暗断，香印口脂红。

鸡唱不知人已去，五更惊送秋风。醒来无语画屏空。阳台何处，冷月伴寒蛩。

唐多令　悼亡

久雨湿寒苔，重扃锁镜台。别家园、又一年回。咄咄书空还自笑，心下事，倩谁猜？

旧恨已成灰，新愁应撇开。奈支吾、也则难排。满个肚皮都是泪，流不出，眼边来。

临江仙　夜月

满地月华如水，空阶夜气成霜。沉烟袅尽爇炉香。年光随腊去，愁恨入宵长。

古寺钟闻别院，素波烟起寒塘。一般清梦绕家乡。敝裘思鹤发，孤泪滴征裳。

谢池春慢　忆父

天荒地老，流不尽、伤心泪。春半晚风寒，夜久重闱闭。

手泽掩空函，寝室存虚位。子归来，亲已逝。廿年岵屺，底恨酸人鼻。

衣裳虽在，怕记忆、从前事。一死未能酬，生我终何济。才拙父书多，力小家声坠。紫泥封，黄纸字。此生遗憾，没齿肝肠碎。

朝玉阶 小江舟中

乍晴天气四山明，芳洲春漠漠，晓烟平。花时岁岁恼人情，乱红都委尽，杜鹃鸣。

渡头篙歇小舟横，泻溪流水急，半滩声。故园今夕又凄清，入门双泪落，叹平生。

一剪梅 夜坐

小坐栏干伴夜长，露浥空庭，月照闲房。五年前事总荒唐，教不情伤，怎不情伤？

真个浮生梦一场，蹙损双眉，断尽柔肠。黄昏无语泪成行，纵弗凄凉，也会凄凉。

一丛花 夏夜

空山好雨润林塘，正暑退新凉。阑干送影群花乱，微风透、几阵幽香。残月如钩，闲庭似水，独坐对银缸。

断魂歌女夜何长，诉不尽凄凉。年华屈指春前梦，又转盼、玉露金霜。过眼功名，误人意气，闲处好思量。

临江仙 对女伴矜郎才貌

连理枝头共结，鸳鸯牒上相逢。知他玉树果临风。宝鞍垂钿碧，珠履衬香红。

管取斗来金印，争看剑样成龙。桂花丛里步蟾宫。任伊双掷果，飞不入帘栊。

传言玉女 病中唤婢侍郎寝

懒下牙床，又见珠帘月悄。病容消瘦，转添人懊恼。蜂情蝶意，管教芳心难保。更深时节，呼奴来到。

辜负佳期，看青阳、渐又老。衾裯掷去，把泪痕暗扫。婆心一片，怕与檀郎知道。北风罗带，夜来深祷。

两同心 月下携美人同浴

玉露迎秋，凉飙消夏。盈盈小步立阶除，双襦汗湿芙蓉赭。好相携，戏水鸳鸯，素馨花下。

纤手解伊罗帕，臭兰轻惹。梦阳台、暮雨重逢，渡银汉、鹊桥又架。奈他偎倚最多情，害人羞怕。

鹊桥仙　看作嫁衣

杏黄试软，腥红吐艳，娇怯人前自制。牡丹枝上凤求凰，看都是、成双成对。

金针暗度，冰丝重纽，又傍纱窗闲觑。罗裙带上结同心，愿长得、千秋万岁。

河满子　长沙客邸秋怀

江上寒催白露，城边雨近中秋。卑湿年年消作客，山川长带离愁。烛影无风自泪，蛩声隔院偏幽。

病里久宽衣带，尊前典尽征裘。三载销魂无个似，谁家又唱歌头。眼底旧欢新梦，来朝吩咐扁舟。

风中柳　长沙雨□，时送诸同人北上

席帽三年，又过孟冬时节。买扁舟、浮家似叶。酸风楚雨，江上寒凄绝。奈飘蓬、暗伤离别。

酒盏诗筒，付与一肩骚屑。艳相逢，名心较热。龙楼凤辇，管教宫花折。遥记取、壮游春陌。

千秋岁　冬夜有怀东零山庵

禅房竹坞，构在云深处。松根结，岩花吐。林空瀑布寒，谷应钟声午。何缘到，十年梦绕玄风圃。

管叫山灵主，世事何须数。参透得，皆尘土。春明万斛溪，夜半千峰雨。春茗熟，老僧就酌清泉煮。

传言玉女　杭川纪遇

箫鼓喧阗，恼乱一江风月。彩楼人满，又黄昏时节。谁家游女，不管倾城倾国。玉钗斜堕，金连娇滴。

蓦地相逢，步轻摇、更羞涩。秋波微转，那识销魂客。吴歌楚舞，欲与阿谁传说。年年吩咐，杭川春色。

辘轳金井　七夕

凉飙初转，到今宵、天上又逢欢会。夜渐深沉，问河桥填未。佳期隔岁，叹好事、本非容易。玉宇无尘，银波乍浅，近秋天气。

轻寒半侵翡翠，想停梭扣角。几度惆怅，离合悲欢，惹无端憔悴。人间别泪，况三载、梦销罗袂。乞巧声阗，荐瓜人散，月钩西坠。

离亭燕　芝城留别唐公远先生、宋予商、来素臣之崇安

此去云山千叠，黯淡渭城催发。最是天涯同聚首，又向天涯离别。仿佛洞箫声，写尽岐亭呜咽。

一带关河萧瑟，欲唱骊歌还歇。万里飘蓬多少恨，付与斜阳秋色。何处问前期，同在中原南北。

渔家傲　洞庭月夜

野渡苍茫舟独系，一湖烟水风无力，万顷澄波纹似织。人未睡，满船明月留人醉。

欸乃歌来声细细，鼍更敲彻鲛人泪。看破乘除渔父趣。今醒未，钓筒收拾英雄气。

御街行　长安即事

七年两度长安道，客里开怀抱。金鞍玉勒为谁忙，静听天街喧闹。空庭如水，纸窗似雪，尽日人稀到。

钩帘细把红尘扫，半榻炉烟袅。呼奴昨日典春衣，剩得酒钱多少？消中默坐，倦来小睡，省却闲烦恼。

又　雪中赋蜡梅，和曾仍黄韵

瑶林玉树千山乱。弄娇姿、黄金瓣。惜花人是绛纱笼，不待灞桥冰泮。蜜作蜂房，镠装莲朵，依约春风殿。

东君暗把林妻换。放鹤还、夜将半。兰膏染尽兽炉红，谁伴冷香亭院。鹤氅重披，屏山半倚，饱看银龙战。

一丛花　题家宗周小像

居然一幅古松图，有个似髯苏。红尘不到山深处，人正在、万壑冰壶。一缕茶烟，清风在腋，泉石且踟蹰。

元龙意气尚如初，何事混樵渔。箧中一任青萍吼，只消得、白眼胡卢。且对绿天，早招红友，醉倒不须扶。

一剪梅　监井溪道中

十里飞流挂水帘，古木参天，怪石齐天。丝荷蒲草绿芊芊，歇足岩边，濯足溪边。

湫下蛇龙定稳眠，云气缠绵，苔藓连绵。结茅安得听潺湲，卧此经年，来此何年？

行香子　蒲城道中

山翠重重，石濑淙淙。尽闲情、消受孤篷。一钩新月，百尺残虹。好舣船处，烟树里，夕阳红。

吴牛惯喘，晚来凉气，乍披襟、几阵溪风。围棋小歇，茗碗难空。看板桥上，人影乱，画图中。

风入松　题彤本散帙图，和□□□□

竹梧三径坐清豳，收拾旧残编。绿蕉红叶都题遍，名山业、散轶难传。开府世称词侣，香山人号诗仙。

父书能读志翩翩，继绪羡吾贤。牙签万帙凭搜辑，辨鱼豕、卷轴精妍。况是濡毫和泪，蓼莪久废当年。

以上卷第三

潇湘夜雨 中秋长沙客邸忆家园，同陶奉长、赵念昔、蒋幼李、陈锦臣、陈鸾栖作

银烛催诗，金貂换酒，长沙今古荒凉。几年为客，浪迹任他乡。去岁都门未归，浑无奈、春雪繁霜。今朝又中秋节候，烟雨断潇湘。

高堂抒望眼，新婵吐魄，丛桂飘香。念寂寥游子，谁佐椒觞。更有无端旧恨，人何在？寸寸猿肠。邮亭上，孤蓬只剑，掩泪湿寒裳。

意难忘 悼亡

旧感新愁，叹潘郎魂断，又值清秋。飘零千里外，冷落五更头。风淅淅、雨飕飕，碎滴上江楼。料半生、英雄无泪，也则交流。

伤情一去难留。怨韶光迅速，眷恋温柔。佩环凄月露，荆棘遍山丘。人世事、等蜉蝣，命薄更谁尤？便到得、天荒地老，这恨干休！

雨霖铃　独坐有感

凉宵伫立，最伤情处，旧恨难说。半生萍梗，无赖柔肠寸断，凄凄切切。屈指年时好会，怎教人离别。听絮聒、秋夜蛩声，五点三更那时节。

金飙渐次，寒威冽凛，萧辰五内般般裂。回思旧游，谁知香阁里，花残蟾缺。一朵连枝，蓦教狂风淫雨摧折。拼只傍、剩枕余香，泪冷红冰结。

金菊对芙蓉　客邸同陈锦臣、鸾栖伯仲话旧感怀

塞雁惊寒，江枫半落，楚天烟雨潇潇。正同栖邸舍，共冷征貂。故园在、白云深处，咫尺便、水远山遥。暮秋时候，新愁旧感，抵死无聊。

堪叹景物萧条，暂握手开怀，酒盏诗瓢。对故人意气，上薄云霄。也须振中原旗鼓，广寒宫、月殿虹桥。明年今日，满毫珠玉，一曲琼瑶。

满江红　九日同郭以歌先生暨石林宗仞千前辈即事有作

日白风高，良辰又、重阳时候。叹过眼、韶光容易，风驰雨骤。酒盏诗筒无意绪，等闲会把双眉皱。趁今朝、佳话且开尊，搜奇句。

东篱畔，黄花秀。往日事，人如旧。正好开怀抱，良朋邂逅。秋水苍葭明远浦，白云红叶生遥岫。最恨是、欲去快登高，无缘就。

孤鸾　有感而作

笑伊无赖，似孤雁离群，哀猿失队。一点芳心，怎禁流光时迈。年华不知人恨，恍惚间春更秋代。无那旧愁新恨，把柔肠粉碎。

忆寒灯雪案曾相对，听午夜鸡鸣，风雨如晦。问昔年箕帚，厨下人何在？梦中一番握手，见啼痕、尚沾罗带。记得牡丹旧誓，未了他生债。

烛影摇红　客夜书怀

漏报新晴，夜深楼上严寒近。冷风猎猎透帘栊，影动灯花烬。前路凭谁问讯，奈年华、又成转瞬。天涯漂泊，雨雪关山，一双鸦鬓。

探客怀，长歌拚倒葡萄酝。念生平、若个男儿，斗大黄金印，浪说千金市骏。早管取、阳关叠进。卖花门外，戏马台边，旧游堪奋。

望海潮　至后长沙客邸思归

葭灰初动，梅英欲吐，客窗冻雨连朝。兽炭添残，貂裘典尽，荒城门巷萧条。记去岁长征，正满头风雪，匹马河桥。屈指年年，关山无主路迢遥。

故园松石堪招，喜双亲黑发，四弟垂髫。未了壮心，满腔离恨，教人蓦地魂销。一举怎冲霄，奈名缰利锁，惹定难饶。无那闲心，夜随归梦到渔樵。

凤凰台上忆吹萧　舟中遣兴

霜气冲寒，浪花浮白，年年此地扁舟。见芦花枫叶，沙屿汀洲。一任布帆无恙，游已倦、买尽征裘。关心处，尘迷药裹，雪满山楼。

堪羞，劳劳则甚，羡小村渔父，家在江头。奈韶光易迈，日月如流。不管鲈鱼莼菜，岁云暮、底事绸缪。教人起，无边旧恨，蓦地新愁。

金菊对芙蓉　还山道中

木叶全凋，梅花尽放，故山归去经年。正难支款假，风雨凄然。惊心也、离家六月，又转盼、岁暮冰坚。入门时候，红颜冢上，白发堂前。

丘壑尽可流连，奈俗胃尘肠，底死缠绵。恨潘郎愁绝，形影相怜。休嗟幽梦寻常断，唱不出落叶哀蝉。那堪此夕，灯前枕畔，清泪涓涓。

摸鱼儿　寒夜感怀

最难堪、忧心悄悄，残腊又经过了。百般情事千行泪，况乃高堂人老。心如捣，奈牖户、漂摇涉世艰辛早。愁来颠倒。闵小子何知，遭家不造，予又集于蓼。

关心事，暗地偏伤怀抱，满腔幽恨难扫。问天不语天应晓，九曲柔肠萦绕。呼苍昊，曾识得、卧冰尝粪古今少。前途渺渺。空忆舞班衣，板舆乐处，春酒庞眉皓。

沁园春　丙寅初度书怀

马齿加长，断梗飘蓬，惊心廿年。甚功名未立，邓禹献笑；金裘都尽，季子堪怜。破浪难挨，封侯要早，忍把流光暗里迁。逢初度，且观眉镜底，按剑灯前。

青衫夜久无眠，诉不尽新愁有万千。效陆郎怀橘，空悬彩袖；安仁作赋，谁续鸾弦。只影魂销，枯肠寸断，底事茫茫懒问天。踟蹰久，叹英雄遇合，自古难全。

木兰花慢　夜坐即事

渐桃符换岁，除不去，旧年愁。任拨火寒窗，剪灯深夜，梦冷衾裯。怕问来春消息，总黄金用尽敝貂裘。身似天边只雁，家如浪里扁舟。

前程辜负少年游，知命不须尤。但老见椿枝，悲生镜影，此恨难休。伏枕强因残醉，奈歌声凄切唱凉州。便使满腔幽怨，从他立断吟眸。

水龙吟　丁卯初春有怀

小村年鼓冬冬，青皇又把韶光换。眉峰欲展，愁城还闭，悲欢相半。集霰封闾，凝冰满树，晓寒零乱。拥尘炉添尽松膏火，梅花点点当书案。

岁月教人浩叹，怅前期、云收雨散。天涯海角，知音谁是，来书也断。绿绽杨枝，红催桃面，春愁无算。恨东风，不管离鸾孤凤，为他羁绊。

庆清朝慢　养心

花泄晴光，鸟衔淑气，东风又报春来。无端岁华漂泊，望远徘徊。忆昔皇都夜，正金吾不禁九门开。东华外，龙楼应制，鹤禁趋陪。

叹今夕是何夕，峭寒上梅帐，榾柮频煨。试问少年豪举，锦字慵裁。吩咐万山深处，杜关重整旧灯台。西窗下，漏声鸡唱，丙夜相催。

解连环　自悼

问天如此，甚半生惨绝，恨难提起。转眼见、骨肉凋零，仅二十年中，尽成新鬼。家庆堂空，叹回首、故园如洗。更何心人世，吩咐一场，东去流水。

劳劳因何乃尔？忆椿萱无恙，彩衣欢喜。倏忽地缺天崩，奈只影单形，何怙何恃？未了鸡豚，况安得、封黄题紫。逝今生、饮哀风木，死而后已。

春云怨　寒食感怀

韶光寂寞，又落花寒食，云嗔风恶。绿暗平原红褪，满地春愁无处着。陌上携尊，桥边剪纸，儿女家家赴东郭。痛折椿枝，悲衔西日，此恨凭谁托。

岸花亭畔人如昨。仍方塘曲水，垂杨高阁，春去春来更萧索。似我茕茕，试看夜来，单形瘦骨。小屋凝寒，孤灯拉泪，肠断黄昏院落。

潇湘逢故人慢　桃坞感旧

流光如梦，记别来桃洞，忽又经年。繁花褪红颜，峭春归□□，眼底凄然。阮郎虽在，已山中、非复从前。正相对、夜分风雨，新愁旧感堪怜。

遗芳室，舞镜影，总消魂，但教留恨山川。恰邯郸睡熟，正欲渡银河，难问苍天。雨收云散，到今朝、误却前缘。青梅结子家家绿，相逢恼杀啼鹃。

乳燕飞 述怀

懒向红尘路。有石村、数间茅屋，田园如故。秋月春花应结伴，百岁光阴易度。羞学步、云翻雨覆。曳屦侯门走如鹜，守先人万卷藏书处。豺虎远，风雷护。

浮生苦被名缰误。惜余闲、爇香瀹茗，编篱治圃。雨过小轩花影乱，阵阵香来幽户。算容易、飞乌走兔。抵死不休谁肯住，倚微醺一杖东风拄。桃洞口，夕阳暮。

拜星月慢 悼亡

花粉成泥，柳绵似雪，吩咐东君去也。蓦地韶光，暗里随流泻。记当日，懊恼一场春梦，断送海棠亭榭。怎不销魂，泪湿秋千下。

叹黄粱、苦被浮生惹。算将去、万事都成假。尽他惜玉怜香，数尽还须罢。况萧条、独坐重扃夜。空帏冷、怒雨惊窗瓦。奈牵衣、不了前缘，乱檐前铁马。

高山流水 夏过且园，访石天半内父，因订岳游

青峰一带午云凉，趁幽期、又到林塘。篱外扣门声，山窗叫醒羲皇。平泉墅、付与村庄。摊书下，更有筼筜碎玉，茉莉霏香。看投闲老子，真个好清狂。

沧桑，浮生似驹隙，都不管、问水寻芳。人世事，名缰利

锁，一枕黄粱。大家勘破果寻常，惜时光，拟踏祝融顶上，吩咐奚囊。待深秋御风，吹到十洲傍。

玉蝴蝶　中元感怀

又到中元时节，家家剪纸，哭拜堂前。化鹤未迷归路，笑语谁传？黄昏候、风梳冷月；游泳处、露滴寒蝉。感流年，归来华表，也应凄然。

堪怜，茕茕孤苦，魂依青冢，路隔黄泉。有梦依稀，醒时离别睡时圆。少叮咛、怀中弱弟，难付与、箧底残编。算前缘，洒枯清泪，莫问苍天。

满庭芳　旅中即事

楚菊摧残，湘枫落尽，过江风物萧条。小旗低亚，寒雨湿湖桥。陌上游人自散，荒城外、过客寥寥。维舟处，湫檐委巷，鸡犬混渔樵。

无聊，相对渐、樽空酒盏，兴倦诗瓢。忆兽炉灰暖，玉蕊香飘。岵屺楼边旧恨，五年过、事已魂销。徘徊久，雁声谯鼓，梦绕木兰桡。

飞雪满群山　夜宿莲庄兰若

马上吟诗，江边寻渡，茅庵宛在中央。柴扉半启，蓬蒿三径，淙淙门外寒塘。趁天晴踏去，方丈里，茶瓜散香。等闲勘破，尘根自苦，魂梦绕禅房。

应尽道、浮生无个是，劳劳因甚，利锁名缰。数椽矮屋，一杯清茗，聊谈笑、水云乡。着还须猛省，攒眉处、疏灯漏长。山僧了得，瓶炉位置也清凉。

夜飞鹊 先人诞辰前一夕，庐墓侧志感

经年断肠处，血泪重挥。荒村夜久人稀，高堂彩袖今何在，埋云冢上累累。付与残烟蔓草，弃儿身别去，儿梦相依。泉台有路，料双亲、也共追随。

怎奈流光易度，无计问承欢，空伴幽扉。只见黄昏时候，半丘月冷，匝地霜飞。白杨黄土，恍相逢、还见来归。况兕觥满酌，年年明日，哭望天涯。

满江红 早春呈郡司马赵管亭先生

十二城头，东君渐、催莺唤柳。尽道是，阳春有脚，文章太守。宝幰雕幡都不问，满庭桃李诗千首。便门前、湘水一江流，清如旧。

长沙郡，荒残后。拯饥溺，难停手。料疮痍满目，底情谁剖？父老儿童皆拜祝，衮衣归去谁之咎？漫羔羊，朋酒上公堂，为公寿。

昼锦堂　早春呈郡司马赵管亭先生

雨洗尘坛，云开麓雾，湖南文物方新。谁俾讲堂茂草，重整丹楹。玄鹿岩边奇字客，红泉亭下读书声。担簦处，岂弟作歌，菁莪还属公门。

殷勤，骚客恨，寒窗苦，残灯夜雪难禁。也应深山大泽，抱膝行吟。金章紫绶何须问，高山流水待知音。频骧首，何幸相逢伯乐，指顾长鸣。

玉烛新　早春呈郡司马赵管亭先生

四载牢骚客，正菽水仓悲，鸾弦凄绝。蓬蒿径里，寒宵永、冷浸一帘箱月。诗筒酒盏，尚自拥、藏书千帙。漫双桨，还立宫墙，程门夜满春雪。

青坛故物犹存，知近日生涯，尚工铅墨。男儿豪举，管词赋凌云，题名殿阙。画省含香，记取当年衣钵。着须向、剑影灯光，分阴自惜。

烛影摇红　长沙客邸偶成

冷淡春光，落红飘绿无人管。垂杨门外酒帘低，一语将魂断。树里巧偷莺唤，透帘栊、梦惊香散。细风摇曳，宿酒初醒，月华满院。

扪断肠，困人天气腰肢懒。隔墙何处赛秋千，故把娇姿绊，无赖眉峰蹙浅。谱相思、歌头新换。酒阑棋罢，寒入纱厨，谯更又半。

齐天乐 山庵即事

迢遥十日南山路，又到乱山深处。两只芒鞋，一条榔栗，搜尽白云岩户。禅房梵宇。有怪石如林，悬泉似雨。拟过前村，老僧门外教人住。

浮生茫茫尘海，更谁知我辈，伤今吊古。半觉黄粱，万般烦恼，付与夕阳秋树。凭他吩咐。只眼底溪山，任吾流寓。试枕藤床，听晨钟暮鼓。

喜迁莺 将赴闽中留别家园

舞筵层列，渐整顿奚囊，扬帆海国。绕砌闲花，半檐疏雨，话尽一腔离别。作甚下英雄泪，还具副男儿骨。奈惆怅，正悬蒲剪艾，又逢佳节。

忍说，风木恨，无计回天，暗洒千行血。戏彩堂前，画眉楼上，寸寸柔肠萦结。谁分半生离恨，付与天涯踪迹。还须着，取黄金斗大，故乡重谒。

潇湘逢故人慢 杭川客中即事

二千里外，却系舟荒县，投宿禅房。庭空日转长，下疏帘趺坐，一几清凉。笔床茶灶，渐安闲，忘在他乡。记昨夜、五更惊梦，依稀三径池塘。

四方志，男儿事，怎年年，那堪瓮牖寒窗。半棹水云航，但闹有慈亲，弟妹成行。故园丛桂近，秋信暗吐幽香。前途遇、凭伊吩咐，归心先逐征装。

望湘人　中元有感樵川

峭凉生洲蓼，叶褪庭梧，客中倍觉凄楚。海角销魂，天涯拉泪，怅望今生屺岵。则甚抛离，一腔孤另，他乡逆旅。忆年年、剪纸焚香，此夜招魂何处？

也识幽明异路，奈韶华暗损，秋霜春露。无计觅音尘，何况水遥山阻。记别后、瞬息流光度。谁更念儿辛苦？须凭着、一缕愁肠，化作纸灰飞去。

画屏秋色　重九富沙旅中

记别离亭后，直到今、异乡又逢重九。万里舟车，一肩行李，心事谁剖。望南国关山，尚蛮烟瘴雨似旧。隔断丘园十亩，正晚秫齐登，香橼新摘，更问小轩篱下，菊花开否？

搔首，离情怎扣？纵良朋、好会堪觏。锦囊携就，扁舟安顿，笔床茶臼。但一曲、欢娱正浓，蓦地愁时候。强对酒，还拊缶。笑自古英雄，兴来倾尽百斗，那管东阳渐瘦。

沁园春 元夜书怀

十载南山，松菊犹存，万里归来。正云封谷口，连宵冻霰；香浮窗外，数点寒梅。午梦初醒，宿酲未改，吩咐蓬门莫浪开。荒村内，听喧阗似市，爆剥如雷。

任他满径莓苔，好只学袁安雪一堆。笑黄金面孔，了无颜色；菜根肠胃，洗尽尘埃。醉里撚须，闲中按剑，谁识英雄志气哉。春光好，看明年此日，沽酒燕台。

满江红 早春过且园即事

两日停车，又刚值、早春风雨。山房内、诗筒茗碗，室如环堵。问字满投青玉案，填词细唱黄金镂。更相期、醉打老僧门，云深处。

诗酒债，才人补。莺花福，东君许。把尘缘撇却，也须张主。岛上红云娇欲放，阶前绿萼春将吐。待天晴、好看百花潭，扶筇去。

念奴娇 感旧

曲栏独倚，峭凉宵旧恨，重添凄切。褪尽繁花春不管，付与鸾悲凤泣。楚雨台空，蓝桥路断，更与何人说？音尘觅处，一庭犹剩烟月。

同伊芍药亭前，山盟海誓，往事真凄绝。梦里相逢犹细诉，记得黄梅时节。四载孤鸾，一双雏燕，寸寸柔肠折。不堪回首，此生长是离别。

拜星月慢　自题看剑小影

投笔功名，封侯壮志，匣里星镡犹在。伏虎屠龙，未偿英雄债。叹吾辈，岂事毛锥寸管，不尽平生慷慨。腰下青萍，果陆离光怪。

宝光腾、吼彻千山外。对明月、激射含精彩。何但木魅山妖，一望生狂骇。碧桐阴、小院清凉界。栏杆冷、玉露侵罗带。还须着、斗酒掀须，浩气横山海。

意难忘　戏赠单懋子箧中凤鞋

凤侣鸾俦，况良缘好会，几度绸缪。把金莲贻赠，稳记在心头。情耿耿、梦悠悠，一别又经秋。袖里弓鞋娇窄窄，莲瓣重偷。

傍人欲告还休。道无盐刻画，瘤女堪羞。奈怜香惜玉，珍爱比琳球。开鼻窦、展眉愁，香味枕边留。笑比梢婆长半尺，也觉温柔。

以上卷第四

望海潮　客思

入闽云树，三吴烟水，孤篷又泊幽燕。跨雪疲驴，禁风破帽，销魂犹记当年。无意着先鞭。漫金门献赋，独鲤朝天。雨露无私，滥分春色御楼前。

岵山何处天边？但殡宫冷月，谷口残烟。负米成虚，椎牛何益，悲来泪眼溅溅。弟妹总堪怜。望家园万里，目断湘川。凭借春风，夜深吹梦到重泉。

念奴娇　为宋鲁斋太史侍儿滨桐作

芳容暗损，恨东君、非复当时调护。付与封姨偏作祟，做出妒花风雨。鸦鬓齐松，柳腰轻折，不管销魂处。泪痕潜拭，为郎欲诉还怒。

记得海誓山盟，峭凉亭院，月下双双语。往事焦桐声未歇，近日朱弦谁鼓。只恐傍人，笑郎薄幸，怕把眉峰聚。阳阿凄绝，隔墙又听歌舞。

春从天上来　辛未初度（二首）

又到残冬，渐马齿加长，初度惊逢。梅边灯火，雪里茅篷，这回还在山中。叹年来勾当，数不尽、南北西东。可怜人，似天涯断梗，绝塞征鸿。

长记往时乐事，正此夜高堂，兽炭炉红。绕膝承欢，过庭命酒，呼儿拼饮千钟。漫鸡豚可逮，今何在、树不停风。问苍穹，椒觞洒处，月冷幽宫。

茅屋三间，有小径疏篱，溪水回环。白云时出，倦鸟知还，多情偏在青山。记去年今日，红尘里、消受严寒。缩如拳，正饱吞麦饭，熟睡驴鞍。

则甚金华殿上，听晓漏冬冬，齐拜天颜。袖里炉烟，怀中饼馅，书生也列鹓班。望千门归去，留不住、日暮乡关。且加餐，夜来风雪，做个袁安。

沁园春 题彭秋水先生三十年前像

咄咄谁欤，三十年前，秋水先生。正霜林似火，群峰积素；飞泉如雪，一水渟泓。倦倚松根，闲挥羽扇，谁识山翁世外情。红尘里，看山林廊庙，萝薜簪缨。

回头几遍枯荣，恰半觉华山梦始成。渐沧桑过了，丹青无恙；沙虫变尽，往事堪惊。觌面相呼，掀髯大笑，何似而今活老彭。还留着，待三千桃熟，图上蓬瀛。

满江红 将赴都门

几日家乡，看门外、骊歌又唱。悔不作、粘泥柳絮，随风飘荡。万里关河皮袴里，数州烟月驴鞍上。便掀髯、一曲大江东，还悲壮。

湘江竹，南山橡。烟霞侣，巢由况。矧霞觞麟脯，萱花无恙。皂帽栖栖五六载，黄埃滚滚三千丈。只移情、付与海天宽，蓬根样。

又 留别陈锦臣，兼送其还攸水

有酒盈樽，叹明日、长亭催别。难禁是、院落风清，闲阶月白。花影乍移冰簟冷，露华细共檀槽滴。况候虫、唧唧那曾休，如人说。

滶水上，舟如叶。邯郸道，人如织。笑吾侪聚散，天南地北。醉后厌闻儿女话，狂来莫洒英雄血。看他时、一笑喜相逢，长安陌。

昼锦堂 题董醇庵司马小像

宛在冰壶，皎如玉树，问谁丰度翩翩。道是风流司马，绝胜英年。画毂朱幡新太守，金闺粉署旧神仙。朝参罢，早办放衙，行来第五桥边。

林泉，山吏部，羊开府，如公料有同然。一任勋名盖世，记取山川。数行锦树春风早，半湾流水夕阳偏。褰帷待，又看紫泥新捧，五马朝天。

归朝欢 归舟

十日蒲帆江上住，又向重湖觅归路。洞庭南岸是潇湘，故园多在云深处。关山空险阻，层层碧浪凭柔橹。趁长风，烟波无际，直到天边去。

南山别有平泉墅，几夜秋风生桂树。糟丘不拟让刘伶，钓竿近欲随巢父。幽期休又误，尊前吩咐秋香吐。且欹眠，一篷星月，千里看飞渡。

潇湘逢故人慢 同钟振三饮张质夫斋中夜话

夜犹未艾，听霜风渐劲，玉漏频催。苇筵醉未回。甚天涯聚散，今夕徘徊。金尊檀板，漫相逢、磊落奇才。正断尽、鹃魂蝶梦，故人情绪堪哀。

溪深处，松风闹，有南山一片，家在云隈。幽隐好安排。正腊前栽竹，雪里妆梅。纸窗木榻，为君扫、三径蒿莱。莫将清泪如铅水，劝君一饮千杯。

一萼红 壬申除夕

峭深寒，又惊逢除夕，除却一年年。动问流光，为谁迅速，与予应少周旋。惆怅道、门丞告别，催桃符、春贴尽纷然。十里人家，春灯照耀，画鼓喧阗。

不解春来秋去，独我逢佳节，有泪如泉。哭向空堂，望倾椒酒，凭谁更问苍天。只满目、团圞弟妹，尽呱呱、携手堂前。况是骊歌万里，凄断吟鞭。

贺新郎 为且园内父姬人催妆

春满蓝桥路。旧渔郎、问津重到，桃花方吐。天与多情偏作合，做出朝云暮雨。人正系、当年红缕。憔悴而今休障面，问往时团扇犹存否。懒再唱，泥中句。

酒阑刚到屏深处。峭凉宵、衾裯暗抱，小星三五。月地花天寻旧誓，记取厢中金镂。更何知、蛾眉见妒。解道鸳鸯难独睡，了这回公案休虚度。才学步，小蛮舞。

贺新郎 和汪曼园先生韵，为小姬催妆也

浪说银河渡。笑无端、蜂情蝶性，寻香逐臭。柳絮沾泥心渐懒，那问樱桃樊素。谁得似、周家络秀。试看纱笼须似戟，为羞郎怕把新声奏。屏深处，慵相就。

桃根桃叶春方茂。诉东君、脸波微殢，眉峰先透。吩咐封姨休作祟，刚趁养花时候。早搴取、丁香豆蔻。腻粉柔香须有主，肯将来换马充天厩。羹汤好，萱堂寿。

前调 嘲妒妇也，用前韵

风雨迷前渡。更何知、鸾凰共穴，芝兰同臭。一夜狂飙偏作势，不管深红浅素。懒更整、新妆妍秀。我见犹怜卿则否，笑匆匆早把长门奏。河东吼，慎相就。

田钱幼弱年刚茂。横相遭、揉花乱打，泪红先透。凭仗东君全作主，护取妒花时候。娇无那、花名豆蔻。满酌为郎歌一阕，况骊驹门外嘶行厩。封侯早，为郎寿。

水调歌头　资江舟中作

一棹乘晴去，水色绿于罗。平生笔床茶灶，惯付与烟波。万叠崩崖绝嶂，一路高江急峡，奇险几经过。最羡岩居者，半壁隐藤萝。

烹茗罢，聊欹枕，且高歌。今宵村屿小泊，明月入船多。好趁芰荷深处，走入沙鸥队里，赢得醉颜酡。梦到五湖上，准拟着青蓑。

水调歌头　有感而作（二首）

真作镇长别，疑是梦魂中。觉来无限心事，待诉与西风。曾记曲栏人悄，正值梨花月苦，一曲泪珠红。今夕是何夕？虫语泣花丛。

鸳裯冷，薰笼烬，画屏空。关渠何事，妒花风雨太匆匆。一任他人攀折，谁是许虞侯也，薄幸转羞侬。破照分持去，烟水各飘蓬。

悔不相逢晚，恨煞太情浓。无端晓风残月，往事剧匆匆。几度香甜玉腻，变作鸾悲凤泣，惆怅总成空。自古悲欢并，高唱大江东。

人何处，拼只影，悄孤踪。轻怜小惜，更凭谁爱护芳容。怒把珊瑚击破，更取珠兰揉碎，恨汝更惺忪。料应估船上，两地寸心同。

满江红　客问穷愁何如往日，和且园内父元韵（三首）

一叶扁舟，又刚报、先生归也。尽消受、蛮烟瘴雨，走同牛马。世事浑如陵谷变，流年快似江河泻。渐偷安、一枕晚云天，琴尊罢。

柳堤上，亭须架。板桥外，凉堪纳。只离愁满幅，心情难写。梦里瞻云回首隔，忧来灼艾沾裳下。叹忘机、输与白鸥闲，垂纶者。

客问主人，不须道、何如昔也。算近日、名缰利锁，呼牛应马。旧恨如山时更积，新愁似海天难泻。笑频年、作客剩空囊，停船罢。

山南屋，犹堪架。侯门屦，何须纳。只溪山情状，羸予拈写。亢旱惊心看陇畔，米盐聒耳来厨下。问门前、剥啄是何人，追逋者。

桃坞先生，为传语、不须愁也。看世事、得何如失，塞翁之马。避热浑如长夏酷，消愁付与溪流泻。趁闲情、堆满一床书，披襟罢。

香风起，花棚架。明月好，轩窗纳。对江山故我，长吟短写。尽日寻僧萧寺里，有时箕踞幽篁下。尽纷纷、苦趣不相干，黄粱者。

又 夜坐，用前韵

小院空廊，又孤对、一灯残也。渐夜久、露零金井，凉生铁马。虬箭遥添虫语细，玉绳低共槽声泻。度清宵、脉脉不成眠，微吟罢。

松篁径，亭堪架。芰荷里，风堪纳。恨年时抛撇，此情难写。雁影生怜花萼畔，鸾衾凄断旗亭下。怕潘郎、两鬓不禁秋，销魂者。

又 还山，仍用前韵

饱尽炎蒸，恰刚趁、晚风归也。真无赖、一身似叶，片帆如马。白日飞光何太疾，大江东去难停泻。笑先生、抵死为谁忙，回船罢。

瓜棚坏，先须架。邻翁至，何妨纳。任山灵嘲笑，移文频写。数卷残书修竹里，一条长石丝杨下。问浓阴、谁似地行仙，科头者。

又 忧旱，和汪柳公先生，用前韵

嵂兀奇峰，看千丈、火云升也。渐陌上、焦同原烧，旷堪走马。米价腾如新涨沸，人情汹似洪涛泻。只池中、升斗活枯鱼，桔槔罢。

弘羊鼎，薪谁架？东海狱，疏谁纳？笑醮坛击鼓，绿章空写。地厚翻愁羲驭裂，天高不遣商羊下。闻摘签、昨夜遍荒村，青苗者。

又　喜雨，和韵

晓梦初回，是谁打、茅檐响也。正喧豗、飞廉整辔，雨师跨马。万顷仓箱门外积，千行珠玉空中泻。绕庭阶、湿透苎萝衫，炎蒸罢。

花棚倒，支柴架。溪涨暴，横塘纳。赖盛朝六事，桑林曾写。冻饿但愁凶岁至，偷安且住南山下。约邻翁、明日醉如泥，长沮者。

桂枝香　咏翠屏草，和汪曼园先生元韵

晓凉新浴，正露浅风轻，丝丝送绿。谁撼澄波似鸭，细纹如縠。腰肢懒脆扶难起，倚屏山、殢人心曲。碧栏深处，猩红点点，火珠初育。

费萦绕、千回不足。现翠阁明楼，偏媚幽独。宛转多情，碎把鲛绡联续。碧纱厨下清如水，缀流苏珊瑚盈目。夜来烧蜡，红妆睡未，较伊差俗。

贺新郎　除夕前一夜，寄曼园、且园两公（三首）

净拭乌皮几。正驱愁、狂吟浩叹，濡毫伸纸。太息长贫除不去，范叔一寒至此。真羞涩、不堪弹指。杜老一钱留得住，

笑今朝并一钱无矣。萧然室，冷如水。

五穷出揖颓然喜。道先生、本来骨相，居然寒士。况复年年弄铅椠，夺尽化工奇诡。安得占、人间两美。造物于君刚示罚，愿从今抛却毛锥子。堆白镪，须臾尔。

哭拜先灵几。最酸心、倾觞有酒，招魂为纸。二陟楼空弦复断，骨肉凋伤如此。又转盼、祸生连指。三乐堂前人尽羡，叹而今大半黄泉矣。人间世，付流水。

凭谁捧檄慈颜喜。怅鸡豚、缺然半菽，囊羞壮士。前路茫茫难自料，一任天工变诡。懒更羡，冠裳侈美。五斗抱关何足恋，假余年早作斑衣子。志愿毕，归耕尔。

兀坐聊凭几。峭寒宵、雨漂屋瓦，风敲窗纸。镇日眉峰千叠皱，郁郁何堪居此。渐天上、斗杓东指。不管蓬飘兼浪打，买扁舟接淅吾行矣。五湖上，棹烟水。

蹒跚老子闻而喜。怎频年、涸辙枯鱼，绳枢贱士。艳说六朝歌舞地，一带江山奇诡。须早趁、风和日美。结得酒□三五伴，把行藏试问鸥夷子。天地大，沙鸥尔。

如此江山　袁江舟中

轻帆夜伴闲鸥队，山雨刚来篷背。炉火新红，茶烟尚绿，料悄一灯相对。萧萧剑佩。笑司马文章，元龙意气。浪打萍飘，浮名抵误多年岁。

旧游依稀未远，趁扁舟一带，烟波无际。岸岸清湍，峰峰翠削，此地江山称最。沽来小醉。休梦入家园，惹人离绪。蓦被残更，把乡心击碎。

疏影 忆旧

流光如电，正销魂往事，紫荆庭院。伏腊称觞，菽水娱亲，无复旧时欢宴。行飞一夜遭风雨，悄断送、失群孤雁。剩姜家大被，这回分割，黄泉相见。

记得椿萱早逝，曾叮咛弱弟，泪珠如线。蓦被惊风拆散，料逢地下，有何颜面。而今飘泊他乡县，回首处、猿肠寸断。恰梦回、雨打篷窗，水驿又传更箭。

望海潮 三山署中送赵念昔之潮州，同李子鹄、唐昌言作，即用其留别来韵

雨湿羊肠，霜零雁背，异乡又值冬寒。笑相逢楚客，人各辛酸。此去炎方万里，庾岭上、香雪成团。今何夕、骊歌共唱，别酒齐干。

般般君南我北，正雨合风离，聚散无端。喜高堂期近，彩袖惊看。我独萱闱梦隔，凭寄语、音信书残。榕城外、加餐重嘱，目送雕鞍。

酹江月　燕邸中秋，和刘损斋，用家其年检讨韵，同祝云六、洪昌龄、愚斋诸子（二首）

浃旬寒雨，到中秋、变做枫丹露白。十丈银蟾光乍洗，扫尽云师风伯。偶坐呼觞，空庭挟纩，夜久寒威敌。他乡此会，酒酣时露胸臆。

谁家涌沸笙歌，铜街桂馆，酥酪黄羊炙。只有清光无彼此，到处照人如雪。双倚愁来，倒行喝罢，更箭催何急。年年愿汝，团圞长是无蚀。

天涯聚首，又佳时、笑口聊浮大白。买得霜螯新斫脍，有此足当西伯。玉露沾衣，金波照盏，彼此谈锋敌。百年今夜，故园来往胸臆。

几度蓟北闽南，萱闱万里，冷落鸡豚炙。转盼华簪三万六，容易星星如雪。雁阵横空，虫声在宇，寒事相催急。今宵拼醉，明宵圆后还蚀。

又　十六夜月，同家人杰、熙载兄、损斋先生□愚斋夜话

良宵有几，又今宵、坐对一庭虚白。岸帻人来三五伴，尽是酒徒诗伯。瓮过墙头，肴寻市脯，聊与秋光敌。无端聚散，前期暗沾人臆。

一任舞榭歌钟，朱门黄阁，热手谁能炙？搏得红尘飞不到，

片地皎如霜雪。虬箭轻移，参旗细转，玉兔奔何急。不须更问，再来多少圆蚀。

疏影　和损斋，即事周家检讨原韵

边笳无赖，正秋高跃马，狼居胥外。扈从横戈，警跸清尘，百万尽随行在。燕支山下无颜色，恨憔悴、宝衣罗带。怒当车螳臂，山河盟誓，一朝都坏。

望断归朝路杳，独青青冢草，宛然眉黛。零落毡庐剩粉，春光不到，野花黄菜。兴朝那问和亲策，但正讨、罪深如海。早旋师、再勒燕然，始识天威张大。

沁园春　题家骏声韬谷读书图，用吴彤本原韵

山水萦纡，所谓伊人，溯洄从之。正列屏环户，千重翠黛；澄波绕舍，万顷琉璃。枕上羲皇，胸中丘壑，日日看花十二时。江东路，望氤氲紫气，动我遐思。

白云此意应知，直南面书城笑展眉。羡高楼百尺，家传龙卧；华山半觉，代有仙痴。膝下鸾翎，堂前鹤发，叠叠斑襕更自怡。柴门外，是季方忝窃，载酒东篱。

又　偶题，用前韵

九折难行，水远山遥，我将何之？叹羊肠道路，森如剑戟；秋云颜面，薄似琉璃。白璧难坚，黄金易尽，覆雨翻云在霎时。

惊心处，把新愁旧恨，万想千思。

茫茫天道何知，只叠叠青山对展眉。羡江东鲈脍，非关病渴；南山桂树，不是情痴。华发频催，丹铅难待，月夕花晨得暂怡。家乡梦，记依稀茅屋，仿佛疏篱。

又 消夏，叠前韵

夏日舒长，有风南来，披襟当之。看火云万丈，庭堆琥珀；冰壶千顷，屏隔琉璃。束带尘中，放衙花底，一枕羲皇得暂时。黄粱熟，记梦边依约，觉后寻思。

此心明月应知。纵郁郁何须皱两眉。笑黄金斗大，无关性分；青蚨山积，抵死情痴。击柝何妨，折腰奚惜，任命安排好自怡。弹琴罢，且灌畦南圃，种菊东篱。

又 舟次桐庐，再叠前韵

海阔天空，鹭队鸥群，任吾所之。看苍崖两壁，横拖翡翠；澄波一叶，点破琉璃。岩子滩头，桐君山下，欸乃歌声无歇时。前游处，记诗携谢朓，赋拟陈思。

青山我旧相知，见俗状尘容早皱眉。道酒肠诗胆，依然畴昔；名缰利锁，变作呆痴。归去来兮，鞠躬如也，笑骂由他且自怡。君知否？有於陵仲子，笑倒东篱。

以上卷第五

拜星月慢 自题，夜告小影

束带归休，簿书偃息，花底晚衙初放。梧竹阴浓，对天街闲旷。猛回省，永昼尘襟碌碌，薄劣惭居民上。念此茫茫，正百端惆怅。

夜深沉、衾影森相向。凭方寸、一缕轻飙扬。此地琴鹤清风，问至今无恙。但高山、景慕难依傍，凉阶悄、叶坠莎鸡唱。好屈指、十幅蒲帆，隔秋云万嶂。

天香 次韵薛西□

笔架珊瑚，奁装玳瑁，李杜光芒如许。百盏松醪，千篇子夜，领取黄花风雨。烂柯九日，此地艳称豪举。呼吸曾通霄汉，啸歌直压寰宇。

余子尽多狐鼠。浮云富贵何须问，羸将名山事业，千秋难腐。邢尹惭予与汝，况阿大元龙共俦伍。醉解金貂，寿君千古。

又 寒夜对酒，用前韵

(惹)[偌]大乾坤，飞驰乌兔，消得牢愁如许。红豆词人，绿蓑逋吏，几度蛮烟瘴雨。百年今夜，良会不妨重举。海月渐窥帘幕，吴霜正肃庭宇。

高冢半嗥狐鼠，浮生觑破同朝露。拼与无知草木，何妨同腐。况有素心如汝，且击剑持螯乐俦伍。一笑掀髯，凭陵今古。

贺新郎 用且园先生韵，为汪砥斋世兄催妆

步入天台路。望迢遥、彩云深锁，碧桃刚吐。两美人间难乍合，几度养花风雨。早双系、月中红缕。咫尺云英犹隔面，问宵来捣尽玄霜否？预袖取、催妆句。

合欢料得情浓处。启香车、花开豆蔻，年才三五。莫笑仙郎须似戟，吐凤才传青镂。告莲漏、声声休妒。廿载宫砂牢护惜，把童真细点良宵度。鸳被底，双双舞。

满江红 和韵，送彤本之粤东

晨夕追欢，怅分手、何能已已。况岭外、蛮烟瘴雨，萧萧行李。南越多金应似旧，陆生装橐今余几。恰小春、花发五羊城，重游此。

万安道，滩声起。大庾岭，香云里。算布帆无恙，扁舟万里。竹叶拍浮鹦鹉绿，华灯照耀玻璃紫。正薇堂、箫管换莲筹，诗成矣。

大江东去 和韵，同前意

离亭把臂，叹乾坤、送客劳劳难已。闻说平津多礼数，故旧人如孔李。山斗声名，云霄意气，近世今无几。万间广厦，逢君岂但如此。

珍重玉屑文章，纱笼名姓，海上闻风起。明月梅花三万丈，

隔断梦魂千里。高要岩边，羚羊峡底，割取云光紫。叮咛持赠，君去慎毋忘矣。

飞雪满群山　本意，分韵得先字，同于在文、顾尔成、程肇岷、家韬谷兄

积霰方凝，山云初合，宵来蝶翅蹁跹。午炊欲断，短衣难挽，劳人忙趁归船。向芦花小泊，算落得、明朝晏眠。浑迷望，是冰壶玉镜，一艇破江天。

曾记忆、山中梅正放，骑驴溪畔，载鹤湖边。朦胧醉眼，模糊归路，灞桥人各争先。笑泥涂羁绊，乡关远、心违梦悬。篷窗料峭，残钟遥到寺门前。

前　调

院竹全低，邻梅初放，衙斋一味萧然。剡溪逸兴，龙门高会，他乡人正流连。笑金貂未解，留几许、杖头酒钱。料挥毫，尽阳春白雪，呵冻洒银笺。

还记忆、扁舟江上客，渔樵村际，蓑笠天边。滩鸣石濑，风敲篷背，宵来睡熟如拳。梦依稀三径，惊心觉、乡愁万千。长安何处，春泥踏没锦鞍鞯。

前调　即事，用前韵

密树全封，冻云深护，兼旬雨雪连绵。风生铁马，香销金

鸭，空堂今夕如年。幸琴尊无恙，有纸帐、梅花烂然。凭危坐对，摇红烛影，萧寂不成眠。

笑五斗、一官轻似叶，人来江介，家在天边。怀中陆橘，夜来姜被，休令雪洒华颠。况青山故我，拼斗酒、新诗百篇。残更琐絮，归心早趁五湖船。

酹江月 （三首）

辛巳中秋，淮浦看月，因忆乙亥燕邸，偕同人用家其年检讨韵，凡三叠。今兹风露不减当年，流光瞬息，已逾七载。仍用前调，寄示刘损斋先生、祝云六、洪昌龄年兄、家人杰、熙载兄，兼述近怀，即慷慨系之矣。

金飙荐爽，又中秋、玉露宵来凝白。但得天涯开口笑，对此暂邀欢伯。夜久如年，庭空似水，差与清光敌。流年暗换，旧游来往胸臆。

几度飘泊金门，低徊上苑，绮席传鹅炙。惆怅离人今万里，依旧月光如雪。楚雨涔涔，吴霜点点，华发催何急。料应两地，凭栏细数圆蚀。

蛮烟瘴雨，算年时、漫倚青霞浮白。浩荡乾坤容傲吏，不让五侯九伯。玉鉴高澄，冰壶朗映，对此寒威敌。年年今夜，清光犹彻胸臆。

谁料淮海羁栖，茂陵消渴，九夏朱炎炙。暂得清凉容膝地，院落皓如堆雪。世事沧桑，人间虎鼠，更变斯何急。乘除多少，蟾蜍尚有盈蚀。

无边宦海，尽浮沉、谁辨异同坚白。布袜青鞋犹故我，不数当年八伯。花下持螯，篱边泛醁，往复雄谈敌。狂来睥睨，二豪岂介人臆。

一任绮陌歌阑，朱门肉臭，狼籍残羹炙。收拾银蟾三万丈，胸次洒然如雪。海国莼鲈，江乡松桂，音信归来急。素娥长在，不须更问圆蚀。

贺新郎 为程肇岷催妆

院落香风骤。恰良宵、彩云缭绕，月华如昼。金粟花开千万朵，翠盖骈车辐辏。正殿上、霓裳新奏。玉兔无声还捣药，耐广寒宫阙清如旧。长圆满，多成就。

乘鸾早向瑶扉扣。笑逍遥、恒山仙子，春秋方富。傅得金膏天不夜，已近重阳时候。休汗污、桃腮湿透。入捧蚌珠明日事，仗团圞月姊遥相祐。欢凤剧，怜狮吼。

以上卷第六

以上《嗢月词》，康熙四十五年（1706）刻本。

夏光洛

夏光洛（1682—1722），字禹书，号云卧，又号秘庵、浮邱山人，益阳人。

鹧鸪天 次韵留赠旻简师

透顶妆成白玉山，春寒偏怪胜冬寒。锡飞何处云留伴，客到终朝雪作缘。

瞻佛地，笑儒冠，一枝借养活机关。鹏程秋翮因风健，深谷长林仍旧闲。

又 雪中入安乐山禅院（二首）

十里扶筇踏雪山，煨残榾柮坐春寒。晨钟暮鼓千年火，圆顶方袍一日缘。

真面目，幻衣冠，何时深定老禅关。纷纷六出花迷眼，搅碎虚空只等闲。

冻雾彤云踏玉山，桥头松顶鹤栖寒。香瓢篆影西来意，火沸茶声静里缘。

棕拂子，竹皮冠，个中消息叩元关。搬柴运水寻常事，打破疑团万佛间。

浮邱山人按：安乐山为浮邱山下群峰之一，其上有安乐山禅院。《同治益阳县志》卷二云："安乐山，浮邱山又东北为安乐山，治西七十里，高亚浮邱，层峦耸秀，林壑幽美，远望桃江一带，环抱如画。"

以上见乾隆《益阳县志》卷二十二

清平乐　把钓

绿杨岸畔，下钓穿波面。□吞饵游鱼捷便，仔细竿头轻颤。

西山落照余曛，晚凉风色侵人。收拾纶竿归去，溶溶月满柴门。

更漏子　赠郭礼尚

死和生，甘共苦，把定心儿作主。时不遇，命多乖，由他发付来。

携君手，话冲口，口口衷肠醉酒。一句句，一声声，相关无限情。

又　陈仙掌寄词步韵奉答

谷中云，湖上月，都不管人离别。伤心话，断肠诗，开缄才得知。

睡时梦，醒时梦，由着天公作弄。休絮聒，省思量，清眠夏日长。

鹧鸪天 除夕

赢得升平乐岁华，矮檐茅屋也成家。地炉满着生柴火，瓦罐浓煎老叶茶。

随意罢，耐烦些，思前想后费周遮。穿梭日子争时刻，现买千金不肯赊。

一剪梅 叙别

风雨连床破寂寥，就里情调，分外情陶。谈心不觉竟通宵，才是昨朝，便是今朝。

话到分离意兴消，心似旌摇，泪似珠抛。归舟一逐浪花高，水远山遥，室远人遥。

又 与一里周师尚庚兄叙别

喜作平原十日游，人也清幽，地也清幽。忘形谈笑两情投，这样风流，别样风流。

世事奔忙不自由，有意相留，无计相留。一肩行李觅归舟，云望山头，人系心头。

行香子 晨起雨后行吟驯园

雨足春宵，鸟语春朝。好扶筇、蓑笠逍遥。平岗欹坂，短堑长壕。看雾痕浓，山痕淡，屐痕凹。

兴会孤标，吟咏清高。问劳劳、争似闲劳。春风酬和，响送声条。在草儿丛，树儿叶，竹儿梢。

沁园春 哭城中屋

父乎兄乎，死者生者，魄惨魂伤。想五十年前，艰难创业；五十年后，容易抛荒。断壁颓垣，残株剩草，犹是当初骨肉场。今已矣，问云谁之屋，招我由房。

难言眼底沧桑，只留得旁人话欛长。纵素具达观，岂同堕甑：空悲岐路，竟等亡羊。啧啧讥评，纷纷轻薄，一局残棋任数量。胡为也，维彼童之狡，罔念之狂。

两同心 同友人夜话

半生相识，几个同心。每系念，期云落月。偏长隔，远水遥岑。今宵得，细诉离情，坐到更深。

吾侪白首追寻，贫病知音。都有些，愁因酒债；无非是，瘦为诗吟。休题起，变幻人情，龌龊黄金。

以上见《益阳枫田夏氏五修族谱·枫田耆旧集》卷一

杨学林

杨学林，字耐圃，别号六榆居士，新化人。有《绿阴山馆词》。

木兰花　闻笛

东风容易伤离别，春水绿波春草碧。栏干倚遍小红楼，落尽梅花吹玉笛。

吟魂吹去无消息，梦远江南人寂寂。更于何处觅知音，只有清溪溪上月。

见《全清词钞》第九卷

易宗瀛

易宗瀛，字公仙，号岛民，湘乡人。乾隆元年（1736）荐举博学鸿词科，官浙江曹娥盐场大使。

浣溪纱 春闺

桐井新阴覆绮霞，竹窗夜色锁烟纱，卷帘放出篆痕斜。

风恁无情牵柳絮，月偏多事晕梨花，分将春色过邻家。

卷珠帘 秋宫七夕

怕听砌虫凄语，行过桐阴去。风叶欺人如雨。恨填却、羊车路。

鬓冷衫单凉几许。不禁是、更残夜午。浪说鹊桥今夜渡，但见星三五。

步月 本意

露洗银湾，风敲金井，脆红索索惊飞。水边沙外，烟霭望霏微。正隐约、渔灯弄点，更延伫、岭月衔规。柴扉启、披衣坦步，屐齿破新泥。

何之？人定后，夜凉小犬卧，唤起相随。暝心负手，行过板桥西。深翠里、非烟非雾，漫凝立、只是沾衣。归来也，蕉阴移影下阶墀。

以上见《全清词钞》第九卷

陈荣杰

陈荣杰，字无波，一字慕陵，祁阳人。乾隆元年（1736）荐举博学鸿词科。有《香梦词》。

长相思　忆柯南陔

杏花红，蓼花红。花落花开小苑空，相思一万重。
怨春风，怨秋风。春去秋来离恨中，楼头闻断鸿。

浣溪纱

卷起疏帘懒上钩，鹦哥无赖唤梳头，天涯人远倚层楼。
燕尾剪春寒雨细，莺歌溜日晓风柔，卖花声里梦扬州。

以上见《全清词钞》第九卷

张九钺

张九钺（1721—1802），字度西，号紫岘，湘潭人。乾隆二十七年（1762）顺天乡试举人。历任峡江、南昌、始兴、保昌等地知县，颇具政声。后以海阳盗案牵连落职，遂遍游江西、福建、浙江、河南等地，专意讲学与著述，尤善吟咏。晚年回湘潭主讲昭潭书院。有《陶园诗余》（亦称《秋篷词》）二卷。

木兰花慢 潞河舟次

一声听水调，飞清梦，下江南。见潞河添涨，火云全敛，凉雨初酣。毵毵荫人垂柳，洗软红，尘土出青衫。慈母当归早寄，侯门代舍应惭。

游耽已自脱羁衔，休再缚丝蚕。正稻抄云子，鲈炊白玉，容我贪馋。遥岚山川历历，向邮签取次数蒲帆。领略莲汀桂巘，商量箬艇筠篮。

满江红 虞姬墓下作

子弟八千，抵不了、江东一女。承恩后、剑锋三尺，红颜报主。大事君王终让汉，微躯贱妾犹依楚。便帐中、一曲别离歌，堪千古。

英雄泪，销风雨。美人血，飘尘土。剩墓门斜日，夭桃花树。戏马旧台埋玉近，乌江庙食随魂聚。叹几茎、弱草碧萧萧，凭谁舞。

琵琶仙　秦邮道中

夹岸疏篱，板扉露、红穗绀花交蒨。刚得轻摇兰桨，洞天锦行遍。最好是、蛤蜊桥路，恰风柳，人家吹断。三十六湖，波平万镜，珠帘尽卷。

分明在、耿七祠边，曳柔橹、菱歌几声颤。只剩萧萧蒲荻，弥望无人见。且收拾、者般闲景，先入侬、归客行卷。更备吴淞秋水，一双并剪。

清平乐　天门道中

江南秋色，尽把帆收拾。行过天门山更碧，添了几林红叶。

由他寂历行装，休空潇洒奚囊。载得荆关图画，五年正好还乡。

喜迁莺

青原先生于藩署东圃，构舫斋三楹，环植芭蕉，额曰“蕉阴青翰”。余居其中数月。

江城小住。喜鄂君青翰，高斋新署。窠石丛花，缃帘竹槛，覆我绿天深处。翠卷越人绣被，六月浑忘炎暑。飞吟兴，是仙来扇子，乞挥狂句。

搜古恰手纂，一记苕华，梦里见眉妩。影飐墨波，香凝砚沼，同展芳心无数。帆影不随风送，只对觥船倾酹。纱窗外，爱醉听三更，声声疏雨。时为先生编古来闺秀事，曰《苕华杂记》。

水龙吟　咏杂枞菜

海仙宴堕瑶钗，呼龙耕破苍烟种。天风吹到，琼英分得，华阳山洞。羽衣绀袖，冰肌玉骨，遐方珍重。问芝羹琅菜，浪夸仙品，占不上，青磁瓮。

一骑长安驰送，笑茄花、独专恩宠。金盘犀箸，祝融洗秽，早停飞鞚。松阴雨霁，珍珠伞湿，远传箬笼。向优昙蛮府，餐香也算，作参军俸。杨升庵《鸡枞诗》："仙翁住在华阳洞，分得琼英一两枝。"明熹宗时，驰贡驿骑倒毙无数，独赐客氏，张后不与焉。时比之杨妃荔枝。

又

吴仙郎以《芦雁图》乞题，劝其归吴门就婚。

雁飞不到天南，用杨升庵黄夫人词中语。瘴乡作客都成误。忽携图幅，看余倚韵，休牵情绪。乱水昆湖，寒烟笮箐，乱山无数。便几丛红蓼，一湾绿荻，都不是，栖身处。

回首锦帆泾路，背歌筵、泪痕潜注。鸳鸯三六，近传消息，休教辜负。豆蔻含香，桃花倚萼，春光妍嫮。卷鹅笙象管，春溪水涨，打归帆去。

兰陵王

发滇城，彭正之兄弟饯于归化寺山茶花下。是夕同宿板桥驿，晨起志别。

铁鹦鹉，催起今朝客去。滇池柳、冬日绿条，难绾青丝片时住。茶花对佛宇，朵朵赤龙钗吐。多应是，借向梁王，彩袖红裙作歌舞。

浇花各无语，叹此别相看，不是前度。盘龙江结肠千缕。把水寺吟艇，海国游屐，茫茫谁记近华浦，尽回首云树。

延伫，斜阳暮。且古驿挑灯，金盏重举，碧鸡又促前来路。变万叠愁淞，一鞭酸雨。黔山东望，请莫忆，忆更苦。

渡江云

汪观旗招同潘筠轩、沈俨斋泛舟秦淮，醉后题董家水阁。

秦淮流甚事，灯船鼓吹，打过了南朝。尚天憨地醉，荡漾浓花，稚柳殢人娇。阑干丁字，帘齐卷、争倚兰桡。问旅客、干卿何事，到此也魂销。

招邀，水若无情，古往今来，怎春莺催老。偏会得、停膏蓄翠，相待吾曹。天涯聚散须臾事，又白门、月上酥潮。怕别后，一楼暮雨潇潇。

水龙吟 同汪京门访青溪小姑祠

青溪几许烟波，词人便作销魂处。蒋侯三妹，一祠仿佛，桥梁西路。淡柳闲云，幽花冷月，别饶清趣。纵秦淮十里，脂融粉涨，送不上，春潮去。

本是无郎居住，甚箜篌、艳私相污。苍苔白石，同寻短笛，缓停柔橹。乌语含愁，莺声带怨，元嘉事诉。叹人生惆怅，情多借，赠别金簪误。

水调歌头

宿李虹山石湖别业，即宋范石湖先生说虎轩旧地。

独打越溪棹，直到石湖庄。君家迎门烟水，都作翠云香。插架嫏嬛千卷，压院龙涎万斛，白石扫匡床。说虎旧轩地，容着老诗狂。

有虾篦，有蟹簖，有鱼梁。枳篱茅舍、已足清绝冠吴乡。欲借运租船去，携得楞伽秋色，载满紫罗囊。酒熟银蟾上，相对且倾觞。

桂枝香 李虹山石湖捕蟹船上夜饮作

风微星皎，撑黄篾船儿，一灯红小。渐近稻塍无数，爬沙声到。渔童急拾筠篮捷，催厨人、松枝吹耀。腥香溢甑，吴橙未配，蜀姜先捣。

喜亲手、拈来弥好。恰酥雪螯肥，金穰膏老。倾尽新笃，旅客馋扠同饱。玳筵鲜味无寻处，让石湖酒仙尝早。醉眠篷底，霜清月白，不知天晓。

瑞鹤仙（四首）

同李虹山探桂灵岩西崦，入太湖，宿石壁寺。晓坐邓尉，遂至万峰台。

秋溪澄晓霁。恰拨开，柔橹绿醅香水。螺磴挂天际。爱逐步吴山，一层层起。琴台如几，挥短篷、扫苔坐地。算年来、布袜青鞋，惯上暖岚浮翠。

如洗，太湖万顷，松顶飞来，温馨香气。寻花到此。携小榼，尽佳意。笑当时、纵有回廊响屧，不是游人徙倚。聊片时、广寒宫殿，芙蓉镜里。

虎山浓黛染。映红桥，远近丛包西崦。波色带烟闪。引一路空明，绮纹摇飐。深穿菱芡，见笠泽、水将天黏。问何人、万斛龙涎，载出馆娃宫艳。

崖广，螭拏猊踞，镗鞳云霞，雕镌璧瑑。倚他长剑。一叶艇，不知险。听钟声、恰露谽谺纤磴，僧户花深微掩。坐蒲团、风来疏竹，苍苔数点。

探花宜起早。禁凉风，宿露团团开了。残月在林杪。过袁墓，荷塘余枝犹袅。禅关清悄，衣坏色、僧雏刚扫。看松阴、未敛棋枰，昨夜寻芳人到。

村小，竹篱茅店，苦笋鲜虾，别饶丰调。一樽倾倒。金粟影，把看妙。尽今番、谢却急管繁弦，不负青山啼鸟。待重来、添些红叶，画图更好。

香风吹不住。揽布衫，落落万峰台路。高下桂攒聚。遍铜井铜坑，都无他树。丹坛绀宇，尽蒸窨、酒狂酣取。除非是、翠羽红禽，剪破黄蕃锦去。

凝伫，金庭琳屋，玉柱银房，飘摇何处。灵威书古。君欲访，让先贮。好湖山、且作六浮旧阁，饱看落霞孤鹜。思故人、橘柚湾头，几家是否。

满庭芳

旗学馆后斋舍三楹，颇幽雅，蔓草生焉。予修葺读书其中。初夏，枣花三株极盛，因署曰三树轩。

为树移轩，因花疏圃，颓窗破槛亲扶。蜃灰新垩，官舍即吾庐。赚得枣花浓压，黄蕃锦、点白珊瑚。凭人笑，珠帘粉匼，曾对绿云梳。馆为籍没两淮鹾使旧第，闻此轩以居姬妾者。

渐茸茸小院，秋英补缀，鸦嘴深锄。引诗朋酒侣，藉坐苔除。臣朔何曾饥死，太仓米，共饱仍余。新月上、不遮凉露，滴满玉蟾蜍。

燕山亭

雷雷峰、沈俨斋饮三树轩枣花下。

典尽春衫，为枣花开，特贮黄封酒。侧帽人来，踧屐声联，长夏蕴蒸时候。惊煞奚童，怎去年，狐丛鬼柳。新有，恰浓艳三株，覆三人首。

任是衔尾黄蜂，繁英争闹，都坠琼波厚。华林异彩，安邑余香，吾曹也当分取。席坐更初，好徐待、月华升后。知否？看满地、蛟龙摇走。

兰陵王　辽后梳妆楼

望虬柏，半隐斜阳雉堞。平湖映，朱槛绿窗，辽后离宫尚明媚。桃花争绽赤，犹斗，胭脂颜色。回鸾镜，宝髻盘时，想对西山翠螺拭。

春光汉京别，胜皂帐鸭河，围幄鸳泺。内家结束谁庄饬？有燕燕瑟瑟，绛袍红袜，乌靴络缝步稳贴，入图画都得。

萧槭，水云白。没尚辇经过，属珊环列，十香不独人悲咽。总玉匣飞蚕，罗裙销蝶。妆楼闲记，我欲补，旧事佚。辽太宗得燕云十六州，以幽州为南京都城，建角楼、别殿、妆楼。当设此时，不独兴宗时始居宣懿也。燕燕、瑟瑟皆辽后小字。与同馆诸公过妆楼下，诵迦陵、竹垞二词，似有未尽，因赋此。

瑶花　小乔墓在岳州别驾署后

楼船飞焰，铁戟沉沙，剩勋名终古。便秀英亭，也只望、修竹长松荒宇。一堆土绣，何岁月、深藏官署。禁几番、开谢桃花，占了湘妃香雨。

笑他铜雀春深，谁锁得江南，姊妹花去。东风一霎天早借，豪发英姿夫主。巴丘两地。尽分吊、骚人诗句。只可怜、烟草吴宫，玉碗金蚕何处。潜山县二乔故居，后人曾建秀英亭。今无存，过客多赋诗吊焉。峡江县右巴丘镇有周公瑾墓，岳州一名巴丘小乔墓，因此流传，姑阙疑可耳。

多丽 重过豫章东湖，时将东下不果

柳花飞，蒙蒙如雪沾衣。步回汀、画桥卧水，徐循曲径悬崎。飐蜻蜓、荷钱犹小，呷绿鸭、荇带初肥。箫鼓声遥，灯枝彩散，凭栏无语对斜晖。自几载、宫寒紫极，写韵旧人归。空留想，红兰钗朵，石竹裙围。

细较量、廿年身事，难分昨是今非。闲催尉、倚松咏少，病相如、卖赋金稀。作吏情阑，移家念重，五湖虾菜有渔磯。(诗)[待]重寻、竹西歌吹，心绪恐相违。西山月，为人留照，只近柴扉。

鹊桥仙 新涨，夜泊宏济寺下

浦痕涨紫，萍痕摇绿，不记草茵沙缬。斜阳为客射分明，映渔网、桃花几点。

舟灯渐出，佛灯遥上，稍见妆楼崖厂。银蟾更涌大江来，闪一片、长天潋滟。

浣溪沙　西湖曲院荷花（六首）

穿过菱塘拂蓼陂，戗金太阔总宜迟，刚摇小艇绿瓜皮。
苏小门前山寂寂，秀姑坟畔草离离，只应开满水仙祠。戗金、总宜、绿瓜皮，皆西湖船名。

剪断鲛绡素女宫，玉阑干绕百千丛，分明有路也难通。
清净得天闲得地，温柔如水淡如风，肯居三十六陂中。

霞帔云裳一色黏，亭亭小影拭冰奁，璧池珍馆露褷襹。
玉佩不闻娇欲倚，瑶钗无力倦慵拈，稀微只隔水晶帘。

新浴偏宜雨淡浓，罗衫半臂湿酥胸，天然脂粉出珠栊。
欲近风时微敛掩，恰迎露处渐惺忪，华清图里总输侬。

缓把青丝挈玉瓶，月明风定好船停，衣香鬓影太憨生。
红锦幕边飘象管，碧纱廊里出银灯，不教纨扇立蜻蜓。

别占文漪鸭绿肥，并头斜倚力应微，泣红愁碧未胜衣。
欲剪香罗三百匹，尽教越女织成机，鸳鸯焉得不双飞？

沁园春　题友人雨花远眺图

一握孤亭，磴俯长干，苍茫远风。望钟阜拥来，群鸦飞北；

大江横下，万马驰东。牛首霏烟，鸡鸣抹翠，回合严城抱故宫。六朝梦，在斜阳红外，远水青中。

兰陵家国蒙蒙，剩旧事云光话叟童。叹淮堰波涛，飘零战鬼；中原土地，饕餮英雄。佛雨徒深，天花漫洒，白马青丝一旦空。乱乌噪，笑太平寺主，险煞萧公。

百字令　题蒲矶丁将军祠

黄云漠漠，见江豚骇浪，乱沙如喷。谁把回帆挝打急，收落危矶千仞。浦外银鼍，风中铁马，都向灵旗隐。纸钱稠叠，将军祠宇重认。

望断铁锁沉余，楼船下后，不尽降王恨。故国宫墙何处是，留此英雄血磷。谁谱徐塘，雪中鏖战，赤壁功同峻。且抛残食，寒樯自打鸦阵。

满江红　吴大帝庙

军浦鹄湾，百战地、灵祠非乍。殊妩媚、猘儿去后，孝廉声价。谈笑龙舟灰烈炬，殷勤豹尾成分霸。最英雄、斫案拜师时，惊华夏。

掺戈恨，荆州跨。受册哭，黄初诈。叹者般儿子，原非李亚。青盖江山空宿草，紫髯事业余荒社。又刘郎、浦下夜潮来，寒矶打。

又 题鲁烈侯庙壁

却月城高，瞻灵幔、苔衣潜褪。问将相、江东忠烈，如公谁并。草表不随张子布，指囷但重周公瑾。羡当年、慷慨借荆州，英风峻。

扶炎鼎，阿瞒摈。成犄角，刘郎近。最老谋筹国，非徒谨慎。尺牍何妨名士荐，白衣岂料阿蒙衅。叹黄初、一册到都亭，泉原恨。

解佩令 题大别山僧壁

无端酒意，无憀山意。更无情、人边江意。倚遍阑干，况又是、未晴天气。一声歌、一行清泪。

家时秋水，别时寒水，到思时、樽前春水。北雁都归，又那得、闺中书寄。问孤帆、天明打未。

金缕曲 寄吾溪廿一弟郴州学博

炎岭回头处。恨北楼、歌声未歇，棹声先举。两岸桃花飞红雪，留住离人不许。料别后、无聊情绪。待写长歌先问讯，又匆匆北打洞庭鼓。万里梦，一宵雨。

相望切莫添悲楚。古英雄、任他尉醉，何妨哙伍。世有吾曹岂虚出，况是君才如虎。且拂拭、苏耽毛羽。羊角风高三百丈，把一霎锦翰借取。金台上，我延伫。

渔歌曲 咏河鲀

桃花恁早。见竹外、三枝两枝开了。鱼鳞堤转，鸭头涨满，贩鲜船到。舵楼红袖齐招手，滑筠篮，豆萁烟绕。银刀剖白，寒泉涤玉，费伊纤爪。

趁浦上，蒌蒿未老。便芦笋初黄，也添稍稍。琼液浮痕，衬出西施乳小。劝君珍重看犀箸，早安排，橄榄汤好。输他玉局，江珧荔子，品题风调。

又 咏鲟鳇鱼

落梅细雨。吹一剪腥风，津门潮吐。橛头船过，渔师叉挂，厨娘砧举。膏酥骨脆春深候，好烟江，酒人占取。蕻肥枸杞，苗深早韭，且须小住。

忆去岁，故园眉妩。正小阁添香，新笃酸乳。玉指银匙，飞落灯前雪缕。微酣草得词双调，博案头，停杯笑语。放箸沉吟，湘江蓑笠，不如归去。

更漏子 姑孰道中

线儿风，针样雨，十里谢公溪路。菱叶嫩，荻芽苗，河鲀正上潮。

梦空时，游冷处，苦被舟师留住。一点雁，一声歌，离人奈若何。

临江仙 题秦淮酒楼壁

不到石城桥上路，惊人四度年华。春风吹过妥娘家。波暄才睡鸭，柳嫩未藏鸦。

自是江南狂杜牧，诗筒词板生涯。六朝小住且须佳。淡烟朱雀草，香月冶城花。

清平乐

白门怀潘筠轩太史、沈俨斋文学、汪观旗上舍。

雀桁笛步，总付南朝路。添得绛桃三两树，便把去人勾住。

旧时檀板金樽，今朝碧草吟魂。莫说梦儿易醒，花边又是黄昏。

最高楼 秦淮新柳

酥雨过，桃叶水初生。便自作轻盈。稚风搓出才分燕，柔烟混去不知莺。发刚齐，丝乍吐，小桥横。

遮不尽、真珠帘一面，隔不断、紫罗裙一线。朱楼外、最瞢腾。眉尖初学愁先到，腰肢未舞态先成。与玉人，早排定，系离情。

迈陂塘 （八首）

吴尧年邀同秦橘园，由支硎入灵岩邓尉探梅花，作八首。

峭春寒、吴山千叠，疏花多半留与。东风吹我轻帆到，收尽五湖纤雨。苞渐吐，又乍淡还浓，作弄朝阳嫮。钿车无数。早螺黛催匀，绣鞋紧绽，争出郭西路。

枫桥外，鸭绿横拖双橹。遥峰历历如许。苏台十里新眉样，都挂玉帘钩住。好占取，那二月烟光，浓到销魂处。酒徒三五。办儿緉圆棕，一枝赤节，同入小茶坞。

趁莺声、社灯风后，踏青时节相近。软红兜子频来往，尽露翠翘绿鬓。香万本，隔南北枝硎，都有流云引。山灵情分。借半剪憨风，几丝梦雾，画出小金粉。

寒山墅，竹里楼台现隐。歌栏茶榭连轸。泉声原是花魂魄，雪也半留未尽。岚气紧，料小阁添衣，寒向眉尖忍。军持谁损？便结个蒲团，学他桑苎，让我醉眠稳。

浅梨云、柔情不锁，又随粉蝶飞驻。范家坟畔茸茸草，隔竹佩环无数。银塘度，恰宛转桥边，巧映凌波步。疏枝何处？看半赤苞桃，才黄稚柳，衬出淡眉妩。

微酣后，更到天平顶踞。繁英乱插遥素。松涛石气都收了，飞上笠湖烟树。吟兴聚，向腻绿酥红，搓得山香句。趁他未暮，倩金屑檀槽，紫牙蜡板，唱入赵坟去。

记灵岩、珠龛丹桂，鲤鱼风老时节。重来岭色青无恙，一笑春衫还脱。凭斜日，又散下琴台，化作蒙蒙雪。玉鳞重叠。渐烟意惺忪，歌情昏善，钟起万山歇。

吴宫恨，那向吴宫重说。灯前注子还热。三生尽在朋笺里，判取笛床琴拂。同老铁，有金粟琼英，共向豪游结。梵前且别。只桃锦铺时，菜黄涨后，输汝一尊月。乙亥探桂，邓尉有诗一卷。

怕难销、一番微雨，樱桃风急天老。惜花情性生来惯，何况翠禽催早。寻湖岛，唤西子溪头，双桨吴娘棹。禁他料峭。渐嫩日嘘红，炊烟破碧，摇入虎山了。

四年路，花事重翻新调。青芝依旧迎笑。天应阁住浓香雪，分与瘦筇乌帽。插鬓少，也怜取蜂须，满径无人扫。行眠都好。莫流水含情，丁香结恨，一半付啼鸟。

白蒙蒙，铜坑望断，烟条次第开遍。疏钟尽打朝寒破，人在素云宫殿。天水绚，但青是渔烟，红是朱楼转。摩陀坐倦。爱半缀松阴，斜横竹外，桥映涧清浅。

万峰寺，人影衣香成串。粥鱼茶板重见。柔魂不逐归蹄去，争上钗头一片。行厨便，早白鲫紫虾，小试芽芽软。者般庭院，好摒挡鱼笺，安排纹局，十日也须恋。

问何人、铁箫吹裂，逼篱一片云起。梅花梦逐鸡声散，月落半湖香水。双屐洗，到两崦双潭，细访林泉美。晓山十里。见笋迸泥皴，茶开枪嫩，僧户尚深闭。

六浮阁，缥缈芙蓉望里。君家住在溪嘴。稚寒孤鹤飞时候，也有浮英疏蕊。须料理，便随分笙歌，莫负金樽蚁。绿阴如驶。叹有限春衣，无多旅店，别思又生矣。

遍青螺、�车画榼，东君赠我游侣。归来两袖云千朵，身似罗浮仙羽。回船去，更捶出淋漓，几棒凉州鼓。明晨何处。在黄鹄江前，佛狸帐外，十尺布帆雨。

软红梦，他日依然烟屿。英雄禅偈如许。人生不乞五湖长，笑煞鸥居渔父。图画补，记黄篾船儿，系在杨梅坞。往余有邓尉探桂图。山灵留住。乞几棱姜畦，一椽橘舍，老我断肠所。

金缕曲　吊京江家冠伯

噩梦成惊诧。记相逢、李生虹山。座上，淋漓杯斝。吸起千年石湖月，都向蛮笺喷洒。到月落、吴山之下。送我重过剑池畔，遇贵侯白眼踞而骂。从此别，茫茫也。

西风吹泪纵横泻。望苏台、闹红落尽，荒烟败瓦。三十年来未偿恨，魂作黑云垂野。便春雨、狂词难写。冠伯有《春雨楼》词集。今日受恩屠沽客，问谁为公子悲歌者。我有剑，夜空把。

百字令

立秋后三日，月下同人集三树轩小饮。予首成此词，小铁、杜芗继和。

秋才几日，被西风酿得，闲愁如许。赖有去年珪样月，识我新添词侣。花落帘阶，庭摇树藻，光入清尊举。莫辞百罚，醉余好按箫谱。

记否二十年来，浮红拾翠，长在江南路。笠泽银波三万顷，让与酒人占取。旧梦成空，新盟待续，休听啼蛩苦。黑云天角，来朝又是疏雨。

洞仙歌 长干小园看梅

今春难得，把疏花禁住，二月园亭正浓吐。向石栏倚遍，翠径眠残，倾画榼，又听嘤嘤仙羽。

踏青迟女伴，压绣鞋儿，应怯春寒未裁取。嘱付惜花人，玉笛休吹，怕引下、送花纤雨。好拂拭阶前鹿胎斑，留几点香风，上伊眉妩。

柳梢青 偕任四玉、占冶城道院看梅

春在仙关，牙箫暂借，铁拨徐弹。放得风憨，匀来雨腻，破了花悭。

景阳旧阁难攀，且占住、花丛小闲。几点疏钟，一声翠羽，半壁青山。

祝英台近 月夜饮叶氏水榭

晚寒轻，春翠暝，光映碧淮浅。移出金樽，恰满翠屏扇。谁家小阁湘帘，梅香人影，都和那、月儿高卷。

露华泫，犹剩宝塔明灯，风禁十余盏。佳地良宵，不饮也情短。待摇个桃叶艇儿，桃花绽处，把十里、琼瑶碎剪。

沁园春　行虎牢关下

噫吁嚱乎，危兮壮哉，此虎牢关。有寒雪遥霏，壁悬积铁；雄风横吼，梯响刀镮。落叶斜阳，荒壕野寺，直接嶙峋广武山。天涯客，只残铃瘦马，蹀躞其间。

大河日夜潺潺，洗不尽快石幽花战血斑。叹板渚沉沙，金戈安在；玉门生磷，断碣犹殷。逝矣英雄，咄哉竖子，千古兴亡转瞬间。角声寂，看长空一点，倦鸟飞还。

桂枝香　新会橙

青林秋水，缀千百多株，两三余里。筠笼携来，压遍珠江城市。黄封蜡蒂休夸胜，破金盘、一痕新紫。嫩传莺脰，荔枝初熟，吴盐正美。

正今岁、客楼相倚。有种移雨后，花开帘底。未带新霜，且倩长竿扶起。携归好值初冬宴，认犀纹玉纤徐比。茶汤熟后，帕香浓处，一灯红蕊。

满江红　吴山伍相国祠

郁怒西风，半天里、灵旗丹阙。俯一片、江山苍莽，非吴非越。骨肉飘零魂断处，君王歌舞荒时节。叹平生、隐忍报仇心，何时歇。

鸱夷事，人空说。属镂恨，谁同结？任鸡豚酒酹，神弦拉孑。门外黑豚奔宿雨，江头白马翻晴雪。是寒潮、一片海门来，英雄血。

又 咏游丝，武林词会中作

似有还无，谁牵得、又谁掣去？只作弄、瞢腾天气，悠扬情绪。几幅酒旗山尽外，一帘日影墙深处。便莺梭、燕剪趁迷离，凭教妒。

系不着，韶华固。黏不得，春心住。偏罥将花片，惹来柳絮。柔似醉时憨似梦，怜他风困愁他雨。是年年、一缕别魂儿，天涯暮。

又 武林小楼听雨声

刚逐风来，又一阵、随将风去。似羁客、欲行不得，欲留难住。既少溪边菱芡叶，并非窗外芭蕉树。偏响声、槭槭复萧萧，连更鼓。

催发白，灯前诉。滴心碎，檐牙助。正宾鸿初唳，寒螿尚语。分里已无憨富贵，梦中犹有痴儿女。问来朝、秋水篛篷船，归何处？

水龙吟 南海庙前木棉花

红云烧海新晴，火龙睡起牙须吐。祝融开宴，万条桦烛，鲛宫齐举。日轮浴罢，葳蕤霓盖，缤纷凤羽。映扶胥口外，山光水色，讶一片，珊瑚树。

揽伴珠娘蚬女，拔金钗、竞敲铜鼓。宝灯摇曳，绣帷飞扬，枝枝低舞。自敛帉巾，垛香暗拜，背人私语。愿郎如吉贝，棉浓长不，散风前絮。

酹江月　题姜杜芗扬子饱帆图

青山咽鼓，正江南黄雀，风高时节。六幅峭帆飞健鹘，剪破一江银雪。白鸟低翻，巨鲸出舞，遥见金陵阙。姜郎豪甚，登楼长啸清发。

说甚伐荻英雄，盘龙气概，一片荒烟灭。留得吾曹书剑在，占了苍茫云日。笛落谁家，酒醒何处，潮到瓜州歇。凭将尺绢，写君身在寥阔。

水调歌头　仲松岚招饮，即送其游豫章

今夕是何夕，见子大江东。当年一轮明月，影落酒尊中。谁遣黄皮缚袴，谁遣银鹅草檄，都作白头翁。试鼓蜀弦唱，起舞为君雄。

八州督，千里梦，半帆风。此行诗瓢画笔，挂在一枝筇。好趁桃花初放，好趁鲟鳇初上，五老翠蒙蒙。我醉欲眠去，君起理征篷。

长相思　吴江道中

花一桥，柳一桥。鸭嘴船儿缓缓摇，吴江初落潮。
风苗条，雨刁骚。望去杭州梦尚遥，何人吹玉箫？

桂枝香　歌筵上闻雁

声飘天际，为近了离人，更添嘹呖。湿雨浓云似诉，断行垂翅。纵教带得乡书到，已不是、当年锦字。而今何况，连书没有，只衔愁至。

也忘却、旧丛兰芷。觅海国鱼虾，者般憔悴。何处平沙，且把梦儿聊寄。十三弦柱都停了，怕触来丝丝新泪。无端又惹，当筵越女，小眉颦翠。

清平乐　苏小小墓

青骢行处，仍是西陵路。不见同心松柏树，斜日苏家荒墓。
桥边菡萏初花，门前杨柳藏鸦。休唱黄金缕曲，恐惊油壁香车。

迈陂塘　雨晴，同暄谷至柯南草堂看海棠

问流莺、胭脂雨后，枝头开到多少？画亭石槛同寻处，蜡蒂鞓珠攒巧。慵妆好，似睡足杨妃，宿酒初醒卯。无香偏妙。

倩一剪蜂须，几痕蝶粉，黏住腻春了。

红云榭，锦幄流苏丝袅。笛床箫局争闹。十年盼到如今事，客在花前将老。看须早，怕梦觉繁华，又是扬州晓。更烧烛照。趁淡月昏黄，薄云霭翠，醉卧一奁草。余家园中有垂丝海棠一树，高数丈，花开如锦幄，颜曰“红云榭”。

玉人歌　汉江见新燕有感

桃花映。见翠羽差池，掠波凉靓。软语呢喃，似与离人听。春风双剪江南去，趁着芹泥径。有养成、天女雏儿，携来影并。

几载未栖定。问寄托谁家，画梁藻井。料想移巢，也未香心称。红丝一缕衔书寄，说向阑干凭。待归营新垒，同依丹杏。

满庭芳　桃源舟中题李逊庭河防图册

云压微湖，天黏洪泽，秋气只欲沉沉。狂涛怒啮，晨夕吼鼍音。为展河防图帧，千余里、指掌堪寻。分浅溜，地形水性，朗朗豁尘襟。

靳文襄绩著，刷黄奇策，济运劳心。在智无私凿，工必全任。羡子幕才谙练，雄谈处、剪烛更深。荻苗卷，西风汛起，伐鼓下淮阴。八月水曰荻苗。

江神子　（六首）

乙丑仲秋，扬州孙玉峰招同杨剑溪、孙振涂泛舟小秦淮，遍游红桥、平山堂、观音阁诸胜，作六阕。

镇淮门外小秦淮。绿蒸醅，翠萦苔。未棹船儿，先指蜀冈堆。天又空明风又定，秋色艳，恰当怀。

主人好客富诗才。载樽罍，约朋侪。笑说文游，咫尺有高台。二十四桥还借问，吾已办，笋皮鞋。

红桥平跨岸西东。水纷溶，舫交通。未近阑干，先受抹离风。倒影绣舆明镜里，彩几阵，闪匆匆。

繁花细竹鹿篱浓。一丛丛，一重重。青酒旗儿，挑在绿阴中。小榼鱼虾风味好，看野趣，且从容。

芙蓉汀上锦机张。斗红妆，宿文鸯。未傍园亭，先送木樨香。红蓼白蘋相掩映，作弄尽，好秋光。

扬州风景在高凉。尽翱翔，且商量。闻说拒霜，九月放银塘。况值秦邮膏蟹满，便小住，也无妨。

平山楼阁俯溪湾。径回环，野迷漫。未去江南，先见润州山。天淡云闲无点翳，送新翠，扑阑干。

欧苏遗迹仰追攀。扫苔斑，借香蔄。自古文章政绩并传难。行乐少年吾辈事，待重到，恐苍颜。

观音阁耸蜀冈崖。万松隈，八窗开。未上丹梯，先降佛云来。功德水泉新酌得，配岕片，沁幽怀。

迷楼艳迹久尘埃。付诙谐，怎徘徊。何况玉钩斜土蝶裙灰。只爱山光禅智好，叵耐着，夕阳催。

夹衫添着晚凉轻。水痕生，酒舲争。未放新歌，先弄紫牙笙。纵使扬州无好月，灯十里，潋波明。

湖菱溪鲫佐红醒。缓船行，肯杯停。经过暗香丛里更多情。他日邗沟还有约，寻旧苑，访芜城。

诉衷情　（四首）

彭正之就婚如皋郑宅，携家归豫章，署自篆印章曰“小浯溪上旧停舟”。索余，成四阕。

小浯溪上旧停舟，春水滑如油。红阑珠灯三里，歌吹似扬州。

摇宝辔，带珊钩，过朱楼。乘龙公子，射雉儿郎，竞说风流。

小浯溪上旧停舟，仙子结良俦。两行郑家诗婢，捧下晚妆楼。

香霭幕，被熏篝，漏迟筹。水晶帘卷，玉镜台支，起看梳头。

小浯溪上旧停舟，水绘畅遨游。绯桃玉兰开过，又看牡丹球。

摇雀扇，啭莺喉，罄缠头。酴醾酒熟，子鲚鱼肥，也足淹留。

小浯溪上旧停舟，归载一家游。锦帆浦过神女，花外是洪州。

看翠岳，对芳洲，唱还酬。小姑今岁，新嫁彭郎，风信都柔。

解佩令　黔西道中题壁

禺同望去，盘江犹阻。夜郎西、更天尺五。红脰鸡啼，诉不出、前程行苦。一重云、一重愁雨。

才惊飞蛊，又防猛虎，隔蛮村、几声铜鼓。作意娱人，算只有、刺梨花吐。一番逢、一番娇妒。黔人呼子规曰“红脰鸡”。

花发沁园春

余所居滇南署斋前覆牌楼，松高架，葱翠可爱。因种美人蕉数十本，日吟咏其下。

麂眼篱排，虎皮墙衬，檐牙穿就高架。蒙茸弱卉，羃䍦浓阴，只有清风知罅。甘蕉种罢，正秾萼、纤苞相亚。似腮粉晓起齐匀，脸潮晚浴添姹。

帘在翠红天挂。有蝙蝠文禽，日日飞下。竹书堆润，松髓凝香，南中借销长夏。先生归也，谁与染、黄筌新画。只留得、满地烟痕，诗魂万一来者。

兰陵王

同蒋清容太史送阮见田入蜀，见田最工此调，故用之。

望西极，忽振乘风健翮。桃花水，未涨瞿唐，好趁空蒙挂轻席。瑶妃羽旗列。十二峰头翠色。应重倩，骚手赋才，丽句清词写香壁。

青天置新驿。看铁索盘云，玉垒堆雪。周疆戎索多筹策。在雁户绥抚，蚕丛耕辟，军门大帅延访急，仗磨盾飞檄。

暇日，锦城侧。也会逐遨头，庄访诗客。蛮笺十样凭挥斥。早邮筒传出，弓衣争织。淋漓长调，好寄我，共蒋捷。见田曾以“乘风健翮”小照，属余题长句。

菩萨蛮　题汪苏门太守所藏仇实父仕女图（八首）

樱桃浅晕春潮弱，芙蓉轻透香纱薄。蹴过小山边，鹅黄刚露莲。

风车来瞥见，捉取归团扇。好惜粉和香，罗裙新样长。

小鬟报道花开了，玉阑干外知多少。扫就远山微，妆台未换衣。

花将肌共映，小捻成香印。不必斗花强，花依妾更芳。

薄纨不掩双蝉鬓，粉腮一半留香印。小怯立庭阶，风吹樱颗开。

狮奴相戏逐，无语屏山曲。鹦鹉惯呼人，知侬嗔不嗔。

弹棋斗叶浑无力，苍苔滑处鞋帮窄。树也学苗条，凭来趁楚腰。

猧儿无计打，惯近绡裙惹。钗响小回头，添他一段柔。

抛书恰受微醒困，含娇全在香铅褪。一扇绿天云，刚承金缕裙。

瑶琴冰索细，不挂浓蝉翅。跳脱莫惊松，凉飔微逗胸。

一重重漾梨花缬，一团团映芙蓉雪。靧了粉桃花，携儿戏浅緺。

珠帘垂不得，逐入双双蝶。含笑动春潮，微松金雀翘。

钿床局脚桃笙懒，殢云阁在珊瑚板。玉体不横陈，娇生屈曲神。

是含情未吐，是忆欢无语？比似洛川归，惊鸿着欲飞。

秘辛有传难摹得，黄金有饼谁抛掷？一幅水仙花，半遮青缕霞。

酥肥蒸雪重，小飐金盘凤。留住是红巾，愁他化作云。

贺新郎 为桂阳李生催妆

溢路香尘起。挂铜街、淡黄梅影，初三月子。隔巷新人钿车到，四角流苏旖旎。顿今夜、春生旅邸。本是吴山好眉黛，又添学西山新样宫鸦尾。琼盏劝，珠珰靡。

檀郎才调青莲拟。况儿家、巾箱旧有，中郎书史。姬人蔡姓。手点茶汤吟案侧，绣线金笺争委。早报道、紫钗蛛喜。来岁瑶星应入梦，向红蕤阁外樽重洗。看结就，仙根李。

贺新凉　广陵客邸中秋夜霁见月

风雨新寒劲。把连宵、秋空错磨，忽开奁镜。感此扬州二分月，取次照来竹径。多应也、相怜羁病。况是主人能好客，看车螯膏蟹堆盘饤。觥筹错，清辉竞。

光明顶上中秋订。又辜他、青鞋竹杖，今年游兴。二十四桥歌吹曲，老去不堪重听。独拨尽、残灯孤檠。此际闺中小儿女，忆长安料湿云鬟映。也一样，阑干凭。

金缕曲

岭上春兰名玉魫者最难得，曾少尹赠余一盎，喜而赋之。

空谷寻三稔。恰今朝、故人贻我，造花一品。小玉苏苏颓燕尾，架叶苞含鱼魫。吐点点、芳心谁禁。九畹丛中浑不见，忽岭头来媚幽人寝。妙香样，应详审。

雕文台座瑶峰浸。莫摘将纫佩，采他系衽。绮案冰橱看未足，移付隐囊鸳锦。便风雨、春寒由恁。那得纤纤，红玉手小，掐来湿带鬟云沁。晓倩觅，堕蕤枕。《清异录》：张翊《造花经》一品九命以兰居首。

探春　广陵洪氏园见玉兰

雪衬珑松，露翻绰约，鼠姑风后天早。交光月姊，排艳瑶台，幻出霓裳霜缟。早钵罗佳种，便腻影、丰香都好。芙蓉泮上漪波，销得雕栏萦绕。

曾向楼前手种，配文杏绯桃，一般风调。数记青春，较量上巳，不识树高多少。对着浓姿看，笑滴粉、搓酥人老。料兹际故园，也应几枝开了。

瑞鹤仙　见玉茗花忆滇南旧游

岭梅红冻了，有瑶阶擢艳，雕阑斗巧。洗尽锦窠藻。似冰蚕作蜕，素霓盘缟。谁云态少，浑不学、杨妃醉卯。乍疑瑞雪团团，飞落枝头才晓。

滇峤五华城上，金马关前，绣云铺早。万盘玛瑙，对日日，绿樽倒。自别来、藐姑射仙相对，又是一般窈窕。只当年、傅粉何郎，花前将老。

瑶花　红豆

彩鸳衔绶，赤凤团金，缀炎天蛮树。珊瑚万点，铺遍了、一桁西风帘户。蜑娘齿屐，向叶底、携篮小步。最怜他、素手高抬，带晓摘来红雨。

金盘不定圆珠，记落迎茜裙，知逗何处。移灯小捻，定傍着、凤嘴鞋儿钩住。玉纤挑在，莫此际、饲他鹦鹉。好殷勤、钿盒盛来，借把归期暗数。

洞仙歌　羊城茉莉

珠江南岸，遍墙根纤妠，摘向街头素云染。笑林中翠女，桨底珠娘，竞买取、高髻低鬟都满。

朱栏深几尺，趁月潜来，新露丛中几枝闪。栊髻爱髩髽［髻］，小撅银丝，偷插绿云露双点。好留待夜深枕函边，正私语迷离，浓香争飐。

满江红

虎丘西山过刘鬟仙墓。鬟仙，某中丞侍妾，为嫡虐死，埋鸡埘下。后入乩中，诉其事，改葬虎丘。

留得芳名，休再悔、千金卖误。虎丘外、亭亭艳影，碧桃花树。香骨难凭夫婿瘗，仙乩不枉书生诉。有海滨、一读一销魂，吴郎句。山阴吴橡村作《鬟仙曲》七古甚工。

秋风什，空吹去。檐马集，归何处？叹美人天厄，文章都妒。玉简骨抛张硕宅，檀棺只傍贞娘墓。想斜阳、一缕彩霞来，芝旗驻。《秋风》《檐马》二集皆鬟仙诗，为妒妇所焚。

三姝媚　咏吴暄谷斋中白蘋花

凌波仙子去。怕闲了春江，鸳鸯花浦。谁占鸥莎，剪素云锦段，玉壶分贮。闹煞湘妃，只染蓼、烘莲争妩。忘却冰魂，淡月慵妆，又眠疏雨。

休向斜阳延伫。任老尽西风，断肠不许。茶槛酒幔，且商量久伴，词人庭宇。一舸苕湖，待摇入、采香深处。同听烟波十里，渔歌笛浦。

东风第一枝 雨中垂柳，同吴暄谷作

刚被风怜，便招烟恨，困将一夜疏雨。淋漓已褪鹅黄，迷蒙又禁莺语。眠腰慵舞，正燕子、扶他不住。莫湿来、画槛罗群，压得浓愁如许。

且收了、青帘村路。且歇了、珠船箫鼓。泪痕涨与春波，断肠垂在南浦。风流词侣，好迟赋、新晴眉妩。待烘干、几线红桥，拂着紫骝嘶去。

祝英台近

三月十四夜，微月，步扬州东街至暄谷小斋，留饮并示春夜词。

线儿风，针样雨，织到暮春了。剩出一分，淡月挂天小。者般醉杏如痴，梦梨不醒，又作弄、离人多少。

冶游悄，恰有巷北词人，清尊许倾倒。更读新声，石帚玉田巧。合教定子当歌，雪儿按拍，浑不管、江南莺老。

扫花游

乐安署西小沼，月夜莲花盛开。

半城泉脉，引园叟长筒，曲池涨壁。水仙娱客，有翠羽交擎，红衣乍擘。笑倚阑干，粉带夕阳都滴。坐磐石，便一对锦鸳，也下怜惜。

明月来正得。更暗艳流襟，腻香团席。碧筒漫摘，怕惊他小影，昵人欹侧。为问当年，三十六陂秋色。浑难忆，且坐残、露浓风白。

穆护砂

宁都丁南阿继室天台陈氏女，名齐清，能诗，善小楷。随南阿侨居吴门，唱酬甚富，有“隔邻有高楼，秋风畏残笛”之句，为时称诵。南阿客皖江，陈以病殁。遗书与南阿诀，且云：“必葬我石湖东。”南阿作悼亡词十阕，极凄惋。乙亥秋，葬之石湖东岸，即范石湖先生天镜阁遗址。余为题碣制词纪之，兼慰南阿。

听述香奁句。是仙姬、咳唾如许。恨才人福薄，别离容易，误入莲花幕府。一袅袅、病诗魂孤苦。长只怕、廉纤微雨。春去也、天涯越远，雁归了、音书无据。猛忆天台，桃花洞里，多时漂撇旧家居。急抛将钿盒，飞过蝶裙，化作彩云去。

惆怅玉埋何所。买青山、近真娘墓。想柔情似月，幻云如梦，依依粉郎飞驻。嘱长笛、高楼休再度。怕惊散、明珰翠羽。新赋箧、团笺无分，画眉稿、彩毫谁助。半冢鸳鸯，劝君莫痛，世间万事总成虚。且拂拭、小碑一统，聊记断肠处。

百字令　春申君墓下作

君山如旧，转丹梯直上，清秋天半。路是春申遗墓碣，如雪蓼花扑涧。海豹啼云，江豚拜雨，凄得斜阳断。章华逝矣，可怜桃夏荒蔓。

空有穿浦黄田，盈门珠履，一夜风飘散。坐上女环琴一曲，血向棘门飞溅。末路无成，妇人醇酒，销去英雄惯。李园何物，君王养士徒叹。

台城路　送赵八杭林之官宁朔

太行已在离筵上，青青乱峰无数。羌马嘶风，朔雁叫月，更向太行西去。计程几许。且听过陇山，几声鹦鹉。枸杞花开，到日初春竞笳鼓。

龙沙苍莽试望，滚贺兰积雪，黄河郁怒。元昊宫中，赫连台外，一片残阳坏雨。胭脂颊女。吹羌笛歌来，倚楼新句。落了梅花，入伊州曲谱。

沁园春　偕同馆诸公，丰台看芍药

人生百年，一日得闲，抛他做么？况官钱剩有，酒差能贳；游衫披去，礼不烦苛。韦杜城南，祖园旧地，花比扬州开更多。相逢问好，帝城春色，不饮如何？

小桥流水无波，借一剪熏风簇绮罗。看分曹睹胜，鞭丝帽影；狂香浩态，露脸霞涡。只少江南，红箫蜡板，唱作殿春娄尾歌。归车竞，笑插来压帽，各已颜酡。

金缕曲

青阳陈生以贩扇往来湖湘间，工南北曲，将就婚粤西，索词赠行。

明月潇湘夜。转氍毹、落梅庭院，试灯风罢。君是江南王昙首，狂作两丸髻者。增紫玉黄檀声价。合与吾曹同作达，向关王曲子怀倾泻。挝铜鼓、舞长蔗。

征帆又向何方卸？说岭西、山簪水带，正当春姹。小树红香含豆蔻，人卷珠帘待嫁。想到日、逢弦子社。好捧翠觞歌一曲，向灯前博笑松罗帕。合欢扇，为君画。生妇翁贾于桂林，亦工度曲。

又　吴门逢歌者吴仙以扇乞词

苑茂浓如画。闹神箫、锦香丛里，有人飞下。崔九堂前旧时客，春去朱颜未谢。还认得、隔年司马。檀板金尊重邀我，听一声湿尽香罗帕。青衫泪，忽盈把。

滇湖波浪连天打。上高楼、瘴云如墨，蛊风吹野。我作浪游真失计，顾汝亦何为者。到兹际、相逢悲话。千古美人恨迟暮，郁轮袍纵好无人写。我白发，又生也。

又

滋兰堂中观演《芝龛记》院本，是前明石砫女帅秦良玉、道州女帅沈云英事。

黔蜀沧桑话。是前朝、秦家土妇，冼夫人亚。蛮锦珠袍裙六幅，飞上桃花战马。提贼首、淋漓血洒。还请长缨雪国耻，弯弓梢欲向中原打。应愧死，庙堂者。

道州女帅荆州寡。夺父尸、单刀砍阵，黄巾仆野。挂印亲扶夫榇去，贞媛听潮坐化。剩祠宇、麻滩之下。今日霓裳重演出，问满堂桦烛谁惊炧。骑赤驷，共来也。

醉春风[①] 戏咏睡莲

小萼憨憨媚，稚影亭亭丽。梢头休问采莲人，未未未。一半瞢腾，一回撩惹，一番回避。

身在淤泥，异品出，清泉贵。醒时香在梦时寻，睡睡睡。也破禅心，也怜诗兴，合当名瑞。庐山睡香花，缘一比丘昼寝，梦中闻花香，觉而寻之，因名睡香。四方奇之，以为祥瑞，乃易睡为瑞，见《清异录》。

疏影 长寿寺月公贻万年松

灵芝飞节。比三针名异，五粒难结。雨过皴肥，风来鳞起，

① 原题作“青玉案”，据词律改。

雄虹郁怒犹杰。槎牙扶寸虽然小，便百尺、轮囷无别。荷吾师、赠我荒斋，文石锦鳞交彻。

狮子峰头峭绝，短镵掘取去，知近丹穴。铁发铜筋，绣苔锦液，不记是何年月。携归巾笥家园好，灌汩汩清泉齐活。只愁化作苍龙飞，仍返罗浮仙阙。松产罗浮狮子峰，高不盈尺，槎牙可观。可携中笥，以泉及雨水灌之可活，他水立瘁。

鹊桥仙

长春花，粤中最多，无入诗词者。余独赏之，作寄耿相门。

在蜀茶前，开水仙后，遍满疏篱曲室。年年只肯让梅花，尽占了、东风第一。

乍深乍浅，忽红忽紫，宜雨宜风宜日。缘何不上陆郎装，应恋着、暖乡安逸。花瓣如梅，色淡。红自二月，开至十二月，惟正月不开。粤城阶砌篱落皆种之，逾岭则不生。

水龙吟　溧阳城外访濑上贞义女祠作

春风花落无言，贫家贞女才三十。无心击漂，忽逢告困，怜伊匍匐。手掩壶浆，身投濑渚，月澄波白。算义声传激，淮阴老妪，也解进，王孙食。

此去句吴咫尺，遂生平、报仇事业。誓怀神鬼，雪诚今古，千金凭掷。经过壮士，甘为下拜，还潸泪滴。只当年不死，雄文甚处，访青莲石。“春风三十”“花落无言”及“文或不死”，皆太白贞义女祠碑铭中语。

满江红　咏凤尾蕉，耿湘门同作

画诺无缘，也未草、绿天铭记。翩欲下、霜皮蠢菌，苍旗摇曳。性比麒麟能食铁，书教脉望难餐字。甚维摩、得喻病中身，年年对。

风一阵，襂纚翠。日万缕，珑松丽。没潇潇夜雨，打人离泪。不与丁香愁共结，何妨扇子仙同类。把兰皋、映做碧珊瑚，将雏戏。蕉以铁钉插之，更茂，能辟蠹鱼。

沁园春　耿湘门以水仙见贻

遵海而南，涉江以西，来宾正难。恰十囊银蒜，列之髹几；数拳青黛，配向瓷盘。沙浸苔毛，泉粼明镜，罗袜凌波称佩珊。粉蕤吐，对小莲冰萼，绝代仙颜。

骚人老矣形单，喜旖旎相怜伴岁寒。任风饕雪虐，深移锦帐；蜂窥蝶伺，隔断朱栏。云鬓休簪，兰纤肯掐，暖日纱窗姿饱看。应珍异，配山茶艳朵，绣上裙襕。水仙自吴门或飘海，或度岭来羊城。粤东孟春月令，水仙来宾。见《通志》。

金缕曲

闻苕生孝廉既表娄妃墓碣，复谱其事，作乐府名《一片石》，付豫章诸伶开场演之，再依前韵，以艳其事。

□出真灵迹。梦琼楼、碧桃花外，烛红香黑。无数仙娥争作庆，拉杂鹍弦三尺。晓据案、作铜盘食。也谱新词十三调，把红牙旧板从新拭。收入破、歇擢拍。

闲中传恨空中色。小氍毹、游仙吊古，一齐堆积。戏鼓神箫从此去，一片声收不得。尽招到、神仙魂魄。末出，麻姑、吴彩鸾毕集。何日吹箫滕王阁，便秋风也要来怜惜。才子曲，贤妃石。

又

李虹山约赴申月会，余以病初起未往，以词酬之。

才过中秋霁。暄吴山、西风酿就，木樨天气。十里横塘闻人说，画舫青帘歌吹。趁串月、行春桥际。万顷石湖铺似镜，映茜裙彩袖摇珠髻。香打阵，绣分队。

冶游辜负人憔悴。想此时、软蓝催板，蒸红滴袂。一幅鲛绡题不了，都是楞伽新翠。尽付作、空中传丽。待得蟹螯稍肥候，把瓜皮艇子门前系。越溪上、觅同醉。

台城路

吴江湖路食菱，夜而南浔镇。

菱歌忽傍诗愁起，刚刚被他勾住。绮拂鸳丛，波分鸥馆，寻入笠湖西路。棱香无数。尽牵上柔茎，沿流摘取。只少红裙，前汀三五荡轻橹。

江乡俊味迥别，堆胭脂四角，细剥琼乳。估客筠篮，溪翁箬笼，谁肯水仙私贮。南浔近否？好转到银塘，酒灯多处。醉卧篷窗，听潇潇夜雨。

沁园春　渡淀山湖望秦女祠作

问客何来，别春申田，访秦女祠。正桃花涨过，树黏水合；黄梅雨霁，天带云垂。湖浸淀山，波通震泽，一气苍茫吴越疑。东风峭，借轻蒲几叶，冲破留犁。

丹青簇出灵旗，闪不住长空影陆离。有千花塔表，遥飞松翠；数拳石峭，微扬烟丝。四面渔歌，几行鸟阵，似是仙灵缥缈随。青鞋约，问何年重践，我亦无期。

菩萨蛮慢

吴淞江舟中望九峰，怀同年王兰陔、瞿纶浦、蒋检亭兄弟。

并州快剪，问谁能剪取，半江春水。小雨过、还弄新晴放，积玉岩峦，空青天地。荡漾丹台，九峰影、通明到底。穿虹桥一舸，远翠落窗，尽化红紫。

长安故人共拟。结布袜青鞋，将自兹始。廿载散尽晨星，剩华发萧骚，徘徊独倚。畅好云山，只生灭、太虚而已。怕西风、华亭又送，一声鹤唳。

水调歌头　舟行三泖作

圆泖复长泖，百里接空蒙。江南清绝烟水，第一是吴淞。

宜雨宜晴天气，半淡半浓图画，好趁峭帆风。万叠紫珍镜，四面素灵宫。

行不尽，望又起，转难穷。渔庄蟹舍，点缀沙鸟一丛丛。我是江湖散客，逢好云山便住，合在荻芦中。试问元真子，可许白头翁？

一萼红

珠江雨晓，见两岸红豆蔻花，有感而作。

欲如何，听连江风雨，一夜木鱼歌。襆被推寒，纱窗启晓，两岸豆蔻骈罗。二月含胎初绽，渐火齐璎珞互垂拖。那管鸾枝，凤彩蛮娘，村舍抛多。

花若无情少恨，怎潘郎行处，只照霜皤。愁里同心，梦中连理，着意偏会搓挪。人世死前先别，早盈襟、红泪湿滂沱。任尔年年，此时点水黏波。红豆蔻花，每蕊心有两瓣相并，词人托兴曰比目连理。见《虞衡志》中。

百字令　题新淦宋后庙壁

万峰如戟，拥丹墙绀殿，盘拏老树。牧豕陂前碑拭看，宋后微时村女。莲粉黏裳，藕丝织履，疑是针神助。双飞灵鹊，知他衔向何处。

当年伐荻英雄，下邳故剑，岂乏同甘苦。凭此深山夸异事，彤史千年谁补。凤辇空迎，龙旗犹闪，没个残鸦语。村巫走拜，沉沉夕照擂鼓。碑中有“后居牧豕陂，曾于莲塘得瑞藕，织为藕丝履。有灵鹊衔至宋高祖殿上，遣使随鹊归飞所至，访得后，容貌端庄，以为异征。乃以后礼迎归”等语。史传不载，而庙祀极盛。

莺啼序

乙酉秋，宿玉笥山中，梦至罗浮一峰下，竹篱茅舍，梅花环绕，人指曰：此花农居也。因自署罗浮花农，赋长歌纪事。将倩画手图之，先作此阕，述其颠末。

蒙蒙红雪万簇，落云储洞府。乱峰拥、削黛铺岚，花田缭绕溪路。逢人说、蓬莱使者，似曾招引还相遇。指君家，茅屋荆篱，琼瑶深处。

岂是前因，或证后果，暂泥沾薄絮。八州督、无分勋名，大标麟阁铜柱。但名山、今生有福，谢章绶、甘随耕父。署头衔，还笑师雄，锦乡辜负。

移家图在，洗药踪传，种梅有伴侣。好绘出、棕鞋箬帽，白夹绡巾，鸦嘴锄翻，胭脂绣土。乌牛谁跨，菩提纱笠，双丫螺髻露妍嫮，踏芳茵、鹿胎蹴纤步。翩翩幺凤，偏招粉蝶黄莺，梨云早逐香去。

狂奴故态，酒癖花痴，枉十年卖赋。且赚得、朝霞残月，秀石红泉，同借龙鳞，偕听鹦鹉。将迎幽壑，安排游屐，翠禽先寄烦玉女，好林峦、稳占得清趣。明晨更问吴仙，道人行后，青山怨否？云储洞在玉笥山中，古祈梦处。余前自署“玉笥道人”。吴仙，玉笥九仙之一。

柳梢青　玉笥山中偶作

占了青山，云储邃洞，郁木仙关。带月阑香，和莺觅艳，不放花悭。

南昌尉事休攀，了公事、偷些小闲。灵药初芽，瑶英正熟，采奉慈颜。

祝英台近　博罗苏明府以小史新蝴蝶册索题

唱蛾儿，呼凤子，忽趁腻风至。翻笑滕王，粉本描多事。尽饶他华首盘云，铁桥舞绣，早收入、红藤巾笥。

词坛记，为甚者番别了，再不寻芳配。细数麻姑，五色裙新式。也应怜翡翠帷香，珊瑚笺润，好留伴、可人丰致。小史何姓，明府字之曰可人。

天香　吴橡村有咏女儿香诗，余缀以词

金橘蚁封，石茶虎结，风霜岁月禁受。白凤膏明，黑螭髓润，正瓜字含瓤时候。香门开了，钗脑棕纹交透。浣濯宝光，摩挲黄熟，都烦纤手。

罗囊绣巾藏否？刀圭角、楪偏难购。蓄养云魂琐细，也添红豆。银叶温馨火活，袅一缕、辟寒淡烟瘦。牡蛎墙深，扶桑花后。东莞香以产金橘岭石茶园为最，又有金钗脑、棕纹蓄者，不易得。

绮罗香

岭路西十里，石峰岝崿，似太湖灵壁。上多红梅，俗呼梳妆楼，又名妆台。《石邑志》无可考，聊作词以纪奇境。

碧玉玲珑，绛雯窈窕，台耸梅花叠翠。何处疏钟，敲散白云满地。露一簇石罅腮肥，倚几点松边粉腻。便小溪、泻镜蒸酥，胭脂流出尽香水。

岂是梅家姊妹，问台侯旧宇，荒唐谁记？锦奁珠奁，空剩青山古寺。拟筑个、黄篾楼儿，也挂上、湘纹帘子。赋新句、点缀岚光，算妆楼作记。

柳梢青　梅岭小庵题壁

说与江南，春明旧侣，莫笑卑凡。天赐青山，梅花管领，新拜头衔。

借他储偫停骖，且信宿、僧庐佛龛。小吏知人，先安笔砚，坐对香岚。

木兰花慢　浈阳峡夜泊

片帆愁里挂，一峰雨，一峰晴。望迷蒙竹树，翠琼撩乱，黛玉零星。孤征，鹧鸪休听，纵钩辀不解诉深情。岁岁浈阳庙峡，孜孜来往瞢腾。

三生，聃得有精灵，只惯守虚盟。记瑶笺乞赋，金钗节曲，往事分明。灯檠何人共照，任焰昏篷底付荒更。留取入帘残月，伴侬倚枕江声。

百字令　题徐碧塘司马修暹罗贡使墓诗册

羁骸何幸，感天朝、永寄一抔黄土。况有使君培羡道，剪尽荒榛败莽。碑倚桃丛，纸飞松影，草色吴城雨。香焚罗斛，髑髅拜作人语。

纵有雕窅陪臣，魋颜大长，争及魂无苦。长在诗人凭吊地，剩酒残茶万古。树似婆田，花如毗野，也见鲸波舞。新词远播，鸡林定有来贾。

清波引　吴山席上食莼

打帆将去，仍为着、越莼暂住。三潭晓浦，昨朝拨柔橹。荇带荷钱侣，悔未沿流搴取。今晨钗股银丝，喜滋味、尚如许。

厨娘翠釜，论方法、可得比否？且充樽俎，借作馋馭补。忽把萍踪数，惆怅暂停犀箸。当日同采莼人，作歌作处。甲申仲春，同雷雷峰、祝芷塘两太史，苏杏浦明府三潭采莼，各赋诗。

百字令

同海盐杨荪皋评事、含山李半页秀才胡苍崖当涂署中观剧，豪饮达旦。

青山白纻，莽风流肯让，桓公千古。今日故人欢我至，琴署急征歌舞。拉杂冰弦，迷离红袖，挝碎花奴鼓。长安年少，依然跋扈如许。

呼出地下狂仙，天边明月，重洗金罍举。采石锦袍豪放地，仍有酒龙诗虎。沟水东西，辙辕南北，聚散都无据。菊团露冷，且拼醉卧天曙。

探春慢　琵琶亭见新柳

疏影寒枝，琵琶亭畔，弦声愁煞商女。朔雪禁寒，东风祝暖，耐出丝丝酥雨。作弄柔波影，才几日、鹅黄徐吐。朱楼渐映帘衣，画舫初添眉妩。

算到吹绵时候，望天涯春草，迢迢何处。梦里长亭，愁中古道，多少别离情绪。且趁孤帆去，更莫待、娇莺新语。送到桃花，行人被他勾住。

念奴娇　渌江桥望映水芙蓉

江知憔悴，借青娥刀剪，锦窠裁巧。红拂坟前霜不管，一任胭脂铺好。带露如啼，含烟欲醉，宠占初阳早。小楼谁凭，阑干抛去多少。

记否变色奇葩，潮州城艳，海色烧炎岛。料得那年飘散后，花与愁人同老。羁梦长悬，物华待恋，且对倾清醥。深潭寒镜，白凭明月孤照。潮州城上皆变色芙蓉，晓白，午红，晚紫，大如盘盂。

酹江月　再题姜杜芗扬子饱帆图

披图楚客，记小船飞去，佛狸祠下。潮落半天斜跨上，风蹴海门万马。君亦壮游，洞庭鲸浪，曾向孤篷打。可怜萍梗，匆匆行色重写。

今日同在长安，风涛旧事，话到明灯灺。梦里吴歌清泪迸，暮雨纸窗横洒。破浪心期，拗舟事业，此恨茫茫者。布帆无恙，鲈鱼待我归也。

以上卷一

满江红　大梁吊古（十三首）

短鬓萧萧，重来拜、信陵祠下。惊心处、荒坟败堞，颓墙破瓦。白草黄沙销不尽，英风犹卷长河泻。似丸泥、怒掷塞函关，弓梢打。

存赵魏，谋非诈。耽酒色，情宁假。有忠肝义胆，鬼神悲咤。六国传他兵法重，千秋似此雄豪寡。再修祠、作记是何人，茫茫者。**信陵君祠**　祠为前明京山李本宁尚书所建立，以侯嬴、朱亥配食，有碑记二道，文甚雄健，今无存。

偕大中原，甚珠履、徒繁宾客。居上座、监门老叟，独腾精魄。击柝早储筹魏计，窃符直奋摧秦策。激义声、游博卖浆人，同酬德。

成败事，原难测。深沉略，真无敌。樊将军枉死，燕丹何

益。气谊尽倾当世士，英雄合配孤祠食。过夷山、一吊一长吁，河云白。**夷门**

四十斤椎，似急电、横飞袖里。嚄唶将、若论军法，逗留应死。孱卒三千铓气锐，强师百万惊魂褫。是天生、壮士助奇功，酬知己。

假游侠，邯郸里。真豪杰，屠儿市。想神威虎圈，须眉奋抵。犹听灵弦喧栎社，休嗟古墓荒荆杞。有沙中、狙击副车人，闻风起。**屠市**

赫矣三贤，天遣此、酒垆交订。俯一片、中原苍莽，风云呼应。聚散须臾成胜迹，文章光焰开灵境。便青衫、破帽偶登临，都侥幸。

柏绕榭，花蟠磴。载壶榼，倾杯茗。指郢台梁苑，荒基无剩。今古之间休感慨，风流以后谁投赠。只茫茫、独立看河山，阑干凭。**吹台**

软绣天街，寻不出、东京宫阙。传艳事、梦华录里，观灯时节。媪相锦袍围紫幄，妖姬翠管垂珠袯。捧当中、御榻对鳌山，飞星月。

玉膳赐，楼交接。彩球滚，帘齐揭。尽龙津朱雀，香轮阗塞。不记莲花城削尽，咸阳一炬俄销灭。问春风、吹落孟家蝉，何人拾？**宋宫**

说玉津园，接御苑、楼台左右。花百里、天蒸地涨，日肥风瘦。放赏直连炊熟近，采春宜在收灯后。金水河、变做绿琼酥，州桥绣。

辽使宴，雕弓斗。朝士集，香轮辏。更红妆按乐，翠阑行酒。杜曲羞同韦曲盛，汴州先傲杭州有。而我来、东海久扬尘，休回首。**玉津园**

旛骑冲飙，久踏碎、华阳宫瓦。问今日、无端凭吊，客何为者？身寄东京搜旧迹，诗寻北地知荒野。向漫天、滚滚絮飞时，聊骑马。

木瓜嶂，飘丹赭。黄杨巘，昏图画。甚留云积雪，尚丛佳话。片玉难供词□玩，千金谁博豪门价。笑海南、九曜石犹存，亲风雅。**艮岳** 华阳宫、木瓜嶂、黄杨巘、留云积雪，皆见《艮岳志》。九钺石，南汉刘𬬮药洲所遗，今在粤东学使署中。

渺渺蒲卢，谁削出、一针天半。幡竿直、霞蒸露濯，琉璃彩绚。豪客来看车打队，雏姬罗拜香成串。闻中秋、灯似烛龙悬，烧银汉。

绝顶立，黄河见。四牖启，中原面。对隔城婆塔，沉沉双线。宫观楼台都荡了，仗他佛力蛟龙战。坐松棚、独酌上方泉，迦陵啭。**铁塔**

不铲鲸涛，天留示、信陵遗宅。还借护、经楼法像，钟鱼贝叶。銮彩王温空肉髻，画图高益颓遗壁。便蒲萄、小树出泥沙，难寻觅。

浴兰会，喧犹溢。破赋所，陈非昔。也香车宝辔，红裙翠訇。一代首称邀福地，中原长守薰修业。独徘徊、公子旧亭基，人谁识。**相国寺** 赋破所，见《东京考》。王温塑、高益画，俱见《梦华录》。

画苑流传，宋御府、上河图进。秋千外、打球扑蝶，粉红成阵。彩袖鱼吹摇雀舫，朱楼人倚招蝉鬓。到如今、犹斗纸鸢飞，城充牣。

乌啄土，沙冈尽。雉雊麦，沟痕隐。只郑州古道，青山犹认。南渡乐章休忆旧，当垆女曲谁遗恨。又桃花、零落半斜阳，清明近。**金明池** 乐府金明池曲，乃北宋陈应之遇当垆女所制。南宋寿皇奉德、寿两宫，率歌此曲。

灯火矾楼，半空现、小蓬莱境。千百阁、珠帘绣额，星桥月磴。凤子钗摇裙屐集，蛾儿曲闹檀槽竞。恨黄河、酿不尽香醪，雄游兴。

莲花鸭，签盘磬。玉版鲊，欢门冷。甚师师七七，主张共应。恰似孟婆风合皂，妖红艳绿都吹净。只华胥、梦里有人看，玲珑影。**矾楼**

玉笛吹残，何处觅、宪王乐府。凄凉煞、一番拥泣，白头宫女。凤钿鸾钗飘宿雾，龙楼鸯瓦埋秋雨。只金鳌、桥上柳年年，青如故。

兴亡事，荒狐语。慷慨气，孤雕舞。也黄金百万，挥如尘土。壮士营中曾洒血，美人城上曾擂鼓。剩黄河、长绕旧宫墙，滔滔去。**周宫**

寻去盐坡，废宅树、犹称遗老。争感激、书生报国，誓涂肝脑。义勇一旗悬大社，车营两翼挥崇纛。尽柏台、火洞急交攻，金汤保。

天狼目，铦锋捣。狂鲸口，洪波扫。叹满城香肉，黄巾难饱。汴野同留朱亥墓，夷山即是田横岛。想英魂、缨络草萧萧，西风袅。**李义士故居** 李光壂，前明贡士。闯贼围大梁，倾家募士，立义勇社车营制，俱见《守汴日志》。城中粮尽，忽生草，名缨络。家采以食，得不死。义士入国朝，以老儒终。故居在夷山里。

又　广武山唐纪功碑

天半黑云，有唐显庆纪功碑立。压一片、孤城广武，西风吹急。雨洗霜磨都过了，凝成万古香苔湿。闻其巅、飞下五苍龙，长河蛰。

鹊渚马，谁争絷。牛口犊，谁教入。是天启英雄事业，东都呼吸。孤柏展旗灵虎怒，长刀砍阵苍鹰挚。便当时、祭酒进阴谋，嗟何及。

水龙吟　过红拂墓

天生扫国真人，当时谁敢称髭圣。韩擒宅相，太公韬略，合当佐命。咄哉侠女，相逢一拂，识英雄定。纵流传描写，奇缘艳事，却不著，芳名姓。

也见画图题赠，只从军、何年兹境。胭脂埋玉，苔衣蚀绣，青山侥幸。一树桃红，几丝柳翠，伴梳头影。说荆州都督，灵旗尚小，驻荒江径。唐太宗称虬髯真人，又称扫国真人，又称髭圣李卫公，为韩擒虎甥。明唐六如有《题红拂图》诗。

又　湘江舟行见蓼花

湘天金碧清华，秋容点缀娇无语。水仙宴罢，坠环零钿，芳洲无数。分破鸥莎，回环鱼汊，丛丛低吐。忽微风吹拂，一群鱼翠，摇红影，过船去。

老恋江行容与，尽篷窗、依依含露。青枫未紫，白蘋刚老，谁牵情绪。淡艳闲云，冷香斜日，飞来诗句。胜江南水阁，三更酒醒，听潇潇雨。

燕山亭　送高阳家智珠旋静宁州任席上作

珂马朝天，又拂槐花，嘶出青门路。小貊弓悬，大食刀垂，依旧黄皮缚。袴骑竹，儿童问，使君归来何暮。欢舞，也借得一年、陇干城住。

此去岳色秋晴，涌十丈莲花，盆高玉女。黄河委线，白帝开旒，西风梦吹何处。且罄离觞，休只说、关云陇树。延伫，已打尽，冬冬街鼓。

百字令　真娘墓

裙腰草绿，正逶迤行处，孤碑犹峻。割断吴宫香半壁，占了一堆红粉。狂蝶交飞，痴莺对语，搅得花成阵。钱塘苏小，往来都有人问。

多少寥落英雄，飘零词客，风卷萧萧鬓。剩酒残茶浇半盏，泪向美人滴尽。梦月长圆，情天不老，黄土何须恨。生公石上，醉歌且自排闷。

洞仙歌 虎丘蒋氏园中看紫藤花

縠文斜曳，穿桥弓西去，便有憨蜂殢人住。盘蛇筋凤爪，天幕霞梯，行不觉，转尽翠香深处。

红云全罨了，万点纤苞，垂向诗人帽边吐。我欲卧花茵，仰吸清尊，半滴下、三霄晓露。纵醉归明日尚来看，嘱缓缓些吹，东风知否？

木兰花慢 瓜步晚渡江，同江海门作

晚霞红散绮，半江北、半江南。出佛狸祠外，波平蠲纸，山点浮蓝。轻帆，艨艟休引，笑空蒙一叶小如蚶。只有沙鸥孤鹭，镜中天水相参。

谁甘，老未了尘骖，病尚着征衫。算鲥鱼出网，芦芽入馔，风味曾谙。偕探，吴门此去，但有花须把酒须酣。且看润州城上，一钩新月山衔。

水龙吟

吊浣纱女，祠在真州城西白沙江上。

当时巾帼英雄，浣纱先有江头女。追兵后蹙，洪波前截，亡臣线缕。俊眼千秋，义声俄顷，非关仇楚。叹白沙滚雪，皓月年年，照不了，贞心苦。

遗庙犹存旧浦，望酬恩、祀鸡何取。榴花香里，菖蒲风外，明珰翠羽。来搴芳芷，恍逢英魄，几番箫鼓。通胥江一片，灵潮夜夜，拜鱄鲟去。《扬州府志》载，子胥以鸡祀女山下，今名祀鸡山。子胥死后，越兵入吴，化鱄鲟阻越兵，祀之，乃退。名其门曰“鱄门”，今讹为葑。鱄鲟即江豚。

金缕曲

明宸濠妃娄氏墓在章江门外新建、上饶二漕仓间，自来无识者。铅山蒋茗生孝廉访得之，请当事，为修墓立碣。余在滇南闻其事，义之，作此词寄孝廉。

胜国贤妃迹。算当年、水仙一去，月黄风黑。香玉何年埋江岸，尘锁金蚕几尺。冷落了、清明寒食。谁拂土花勤搜访，把裙腰草拨胭脂拭。碑一统，歌盈拍。

年年长卷灵旗色。怪夜来、章江浪吼，神灯群积。何处青山埋汉濞，血污魂归不得。也难化、杜鹃哀魄。止剩琅玕冰雪字，向梅花林里群悲惜。提旧恨，看新石。

又

太仓龚肩吾和天池生《东陵扑枣》《鹔鹴裘换酒》曲子二阕，各六章，颇奇博。肩吾亡后，捡箧，见旧稿，黯然作此。

天外哀猿落。展藤笺、一声拉杂，一声悲愕。万马行空张奇鬣，蹴踏寒潮气恶。曲子内、也真难缚。想见孤灯莲幕下，拔剑镡怒向三更劚。竖白发，卧青箬。

东陵无枣容人扑。老天涯、长卿渴死，黛眉萧索。剩有如鹑敝裘在，赢得酒炉戏谑。人已化、辽东归鹤。只与山阴瘦腰沈，向西风打碎琵琶索。谓沈瘦生。同一笑，向寥廓。

满庭芳 南唐李后主祠在圆通寺中僧像

词赋风流，江南国主，松阴殿角祠遮。方袍圆相，谁塑作僧伽。岂是未终庐隐，魂归后、只恋烟霞。凄凉煞，阶蜗檐鼠，忏不了繁华。

心经，曾写赐，珠龛施佛，争说宫娃。也黄绦茶褐，证果毗耶。南望莲峰何处，飘红泪、不到天涯。蓬莱紫，纵教移去，犹问麝囊花。后主自号庐隐，又号莲峰居士。曾写《心经》一部，赐乔宫人汴丘。薨后，乔以经施佛，终于尼。见王胜《默记》。麝囊花出庐山，后主移种金陵含风殿，名蓬莱紫。

忆王孙 三水夜泊

木鱼歌起不成腔，淡月朦胧映浅缸，何事春潮恼客窗？引愁艭。半上西江半北江。

柳梢青 别意

倚遍江楼，无情山色，不锁江流。春水如油，春风似剪，人上兰舟。

片帆婀娜难留，更说与，伊家去愁。今日筵前，今宵梦里，明日心头。

金缕曲　独饮岭上金桂背亭

劳吏何为者？但台关、黄尘跐踧，敝裘羸马。金桂背亭新建好，八面雕阑碧瓦。正荫着、相公松下。若待梅花开后饮，恐匆匆又负溪山冶。抛手板，却腰銙。

参天秀石罗丹赭。更盘旋、藤筋竹干，文禽交挂。三百娉婷花插鬓，玉钏瑶簪相亚。争欲劝、使君樽斝。扫尽秋风苔作枕，便白云满手何须把。我今已，醉眠也。

疏　影

梅岭大路，传宋英州司马女补种□□三百株，有小碣纪事。花今无存，碣亦多佚，惆怅赋此。

台关旧路，说英州女子，红梅曾补。装点云霞，藻缋岩峦，费得贞心如许。自从官阁钿车返，教南枝、春色谁主。最愁他、土晕胭脂，认是罗裙行处。

不肯姓名留与，当年题字碣，飘残何所。淡月微黄，薄蔼空香，冷煞蜂须莺羽。相公松干凋零遍，也难听、秋涛凉雨。问白头驿使，如何独对青山无语。

采桑子 东江道中作

荔枝候近人先去，辞过珠江，望过菱塘，八面蒲帆鸟翼张。

行云流水浑无事，随处家乡，随境诗场，作吏清游两不妨。

临江仙 初见罗浮喜作

茅舍疏篱曾入梦，醉眠玉笋山中。今朝四百七君逢。红梅移驿吏，白首作花农。

一望翠禽来杳杳，无缘再学师雄。麻姑洞府在何峰？欲骑蝴蝶背，游戏趁天风。

酷相思 雨不得登峡山寺

底事严程鸣急鼓，催三峡，中流橹。问子规、鹧鸪留不许。南禺也、愁人去。北禺也、愁人去。

咫尺香台成间阻，难续曾题句。况山木、悲风号更苦。上寺也、蒙蒙雨。下寺也、蒙蒙雨。

渔家傲 羊城月节词（十二首）

杨升庵作《滇南月节词·渔家傲》十二调，仿元欧阳圭斋专咏燕京风景体。其实圭斋所仿即宋欧阳永叔十二月鼓儿词，用渔家傲调也。余客羊城，暇日聊仿作此调十二章，以拨旅闷，亦所谓并州故乡之感耳。

正月羊城春似仲，酥风不上桃花冻。垂柳鹅黄摇画栋。荷钱迸，园林无日无莺弄。

十万玻璃灯价重，彩棚溢路笙歌拥。不夜海天游屧众。香月动，街西又报秋千送。

二月羊城春色嫮，木棉烧海珊瑚树。蚬子落田天卷雾。朝台曙，扶桑开暖呼鸾路。

花地花农花作墅，花朝蜂蝶随钗聚。伊轧声飞谁促橹。油窗户，佛山祖庙烧香去。

三月羊城修褉事，锦罗织就浓天地。杏子纱衫鸦色髻。芳草腻，踏青归摘梅丸翠。

齐趁落潮香玳瑁，波罗庙里纷巾帨。铜鼓轻敲呼姊妹。金钗试，祝郎海舶无狞飓。

四月羊城晴雨杂，离枝蒸热红云罨。牡蛎墙高仙掌插。榕阴压，树兰粟缀莲池匝。

节届浴兰游迨遝，明珠翡翠垂轻衱。拜罢金涂光孝塔。长寿刹，拈花珠佛销千劫。

五月羊城丹荔积，增城挂绿新兴核。螺甸盘盛鲛帕拭。谁饷客，金花庙奉仙姬食。

今岁大洲龙舶赫，鱼龙百戏娑兰埒。绣袋花裘千舫接。珠江溢，素馨茉莉天香国。

六月羊城酣白雨，西江涨遏香潮住。新绿瓜皮□色午。摇兰橹，垂雅辫鬟花雏女。

海寺高榕无点暑，骚人诗客觞豪举。鲜到蜑船倾越醑。西施乳，南风又上江珧柱。

七月羊城鲸舶到，十三行外轰铜炮。火齐木难夸未了。珍禽鸟，莲花钟漏家家闹。

会过遨头蒲涧庙，木鱼晚唱三娘调。淡月疏星刚乞巧。香屧小，素馨灯下闻喧笑。

八月羊城秋始热，女儿绢葛轻如雪。腰扇葵蒲新障日。诗会结，菩提纱纸青羊笔。

剥芋烹螺传令节，金刀纤手甜橙擘。相约江头看皓月。海鳌石，夜深珠吐痴龙阙。

九月羊城香国盛，香门开后香船竞。金匼龙涎恬更静。沉速并，雕笼倒挂收无剩。

濠畔百工珍器定，广州巧比苏州胜。拂菻番娘屏不称。新娇靓，美人云鬓盘珠镜。

十月羊城春意透，天河高挂三更后。灯幄彩棚街锦绣。沉脩凑，火星庙醮宵如昼。

五敛家家夸饤饾，嘉鱼出峡脂肥厚。处处山花丹萼秀。和红豆，妆楼不使云鬟瘦。

十一月羊城霜雪妒，麝囊霏雪争春媠。橘柚盘堆青榄助。暖乡路，浓岚湿翠柳如故。

蒲涧廉泉梅尽吐，钿车宝马来无数。鲎脍鱼生新作俎。吹箫去，白云山吊张乔墓。

十二月羊城天渐冶，水仙环佩来吴下。报喜风兰开放也。鹌鹑打，花钱堆座谁豪者。

馈岁关东獐鹿炙，波梨白枣堆盘斝。端砚广纱鞶带銙。连绣帕，明正豫备开诗社。

蓦山溪　三月三十日龙门席上送春

春辞欲去，今日谁黏住。雨后湿桃花，料浓得、红酥如许。同骑瘦马，缓缓一追寻，知何在，便流莺，费尽丁宁语。

洛阳大道，只会颠飞絮。纵不解春愁，问滚向、天涯何处。龙门两扇，更与细商量，将夕照，勒回流，锁紧春行路。

酹江月　因树轩夜同胡牧亭作

西风恁紧，便夜来片刻，也松不得。槭槭萧萧偏打着，深馆疏棂羁客。酒后乡思，灯前残梦，都付空阶叶。牵他檐马，丁东阵阵敲彻。

既没橘树千株，兰芽九畹，稳卧维摩室。狃着嗛嗛成底事，同负蒯缑南北。货畚无缘，吹竽少许，词赋工何益。撚须较量，各添两点新白。

一萼红　金陵邵皋园载酒，邀同钱惺吾泛舟白鹅潭

树冥冥，望越王台色，潮落未全青。布幔斜搴，蒲帆小曳，暖意细转沙汀。花地阑珊，菊事只秀石，疏竹有余馨。石蚴堆香，白鹅戢影，倒尽银瓶。

可叹人生南北，被天工簸弄，化作浮萍。惜别青衫，惊逢素发，海国同是飘零。但胜软红尘土，骑瘦马、日日饱候鲭。且算交州重来，又订鸥盟。

消　息

并南道中，遥寄大梁裴慎斋、黄显斋诸子。

老矣书生，骑驴六月，欲投何所。乱水黄河，荒烟丹谷，直指并州路。千叠羊肠，几行雕背，回首中原如缕。望光狼故人城郭，尚藏在、云浓处。

扫地鸦军，盘天雁影，想像荒楼残戍。暮雨无情，西风有恨，空听悲笳苦。诗写旗亭，酒倾土銼，转忆梁园俦侣。到秋来、只凭明月，照将愁去。

百字令　登香山寺

三峤八特，笑天公卤莽，峰峦驱使。赖有香山青两壁，小借江南云水。船漾岩根，花垂石罅，潭影交拖绮。当年凿阙，神功料理如此。

望去绀宇鳞呈，丹梯螺转，齐把云扶起。酒榼茶铛相引上，撩乱半天红紫。竹阁秋光，石楼风月，醉卧耽禅喜。茅庵结个，青山曾许来未？

凤凰台上忆吹箫　鸠兹书所见

稚草绵茸，子芹芽暖，晚潮渐涨疏篱。看鹿胎斑细，梅落参差。三两低鬟归去，檀屐小，不印香泥。春衫扬，有峰传眉黛，波曳腰支。

偏宜，小门情分，敲未应、詑他小立些时。亚香肩、笑语眼意迷离。楚玉者番瘦也，休恼乱、闭门却付天涯。新月挂，娇黄柳梢，一对鸦儿。

摸鱼子　月夜闻笛

问西风、他乡明月，今宵干尔何事。飞来玉笛无憀甚，搅乱愁人无寐。残雪霁，又吹落霜华，一径萧萧地。聃人此际。想绣櫱慵挑，熏炉乍倚，频问有书未。

别离事，不是初尝滋味。者番偏觉牢系。听歌紫桂开时节，庭院夜凉如水。垂香髻，又小立屏风，半晌罗衫倚。慧心暗记。更玉指教牵，红牙低数，笑问曲中字。

好事近　题绣虞美人扇

褪尽艳红姿，不用粉肥铅厚。恰似楚宫罢舞，小云蓝垂袖。

江南最著沈关关，天付神针绣。今日春风扇底，问虞兮知否。

台城路 永宁寓馆

嵩云洛树缘何事，五年被他勾住。破尽征衫，摩残书本，更向縠州西路。空城如许。偏搅碎纸窗，连宵风雨。坏壁孤灯，挂我离愁几千缕。

天涯回首试望，尽雪鸿蕉鹿，壮怀孰据？不了邮签，难猜车辙，门外乱山无数。家乡篱宇。想长遍了，层层塍瓜畦芋。买个篷舟，趁秋风竟去。

念奴娇 相国寺书江南乔宫人事

人间天上，是谁随、流水落花归去。茶褐黄绦宫女在，泣抱遗经一部。庐隐印纹，澄心蠲纸，小跋亲题署。家山莫念，锦函佛阁深贮。

谁携一夜西风，美人红泪，洒作江南雨。烈焰天禧龙象烬，帝释贞心怜护。结绮都官，临春学士，羞煞飘尘土。黄罗赐扇，庆奴知在何处。宋王胜《墨记》：李后主在国时，手书《多心经》，赐乔宫人。国亡，乔随后主入宋。后主薨汴邸，乔痛哭，自为跋，署经尾。以经施相国寺塔院，后为江南僧携归金陵，置天禧寺中。寺火，经独存，流转不知何所。乔亦抗节，以尼终。主以黄罗扇书词赐庆奴。见《南唐书》。钟隐、庐隐皆后主钤诗画篆章。

金缕曲

庭前垂丝海棠，壬子仲春自豫中归作。

花意吾应感。慰主人、归来万里，寂寥轩槛。白发毵毶浑不笑，相映紫腮丹脸。入华室、亭亭影飐。休说枝柔丝力弱，便钗横鬓乱都生艳。经雨后，胭脂染。

当年压院浓香酽。有人怜、玉纤笑撚，樽前点点。红粉青山多夙恨，争汝风流未减。更蜡蒂、鞓珠春占。记取夜深应睡去，莫高烧银烛惊难掩。小坠了，碧莎毯。

买陂塘

庭前海棠初开，有感辛卯旧事。

最怜人、几番风雨，枝头禁得花少。今朝惊起纱窗曙，枕上流莺声巧。晴光好，把一树红云，开放如辛卯。横陈更妙。恰蜡蒂垂酥，紫棉拖腻，薰暖峭寒了。

柯南树，梦在低枝犹袅。禅心已破烦恼。词坛纵有流传话，那管江南春老。催觞早，拼醉倒林阴，似卧溪桥晓。月华漫照。忆红袖图笺，金钗压鬓，愁对小园草。

天香　湘门斋中咏睡莲

似佛图澄，钵中咒出，纤茎圆萼身幻。秋水性情，瑶台标格，甘与淤泥隐见。香分子午，惯枕向、苔痕一线。语独醒人，粉蝶无缘，春风不管。

霍氏园中池院，绣交枝、五色开遍。三六鸳鸯，只与双栖同伴。何如相对维摩室，正著述、闲身未倦。起把诗成，深杯自劝。花如莲而小，子时缩入泥中，至午出水始开。汉霍光园中池内有五色睡莲，养鸳鸯三十六只。

百字令 坐龙门宾旸洞

长风滚峡，莽伊流、却被青山关住。无数悬崖和峭石，洗尽颓阳坏雨。九曲红栏，半奁翠阁，容我清流俯。疏花几点，冷鸥衔上诗句。

谁费脂粉堆田，金银饰寺，佛像剞斤斧。迷雀雌凰嬉上下，八丈金人无语。底事河南，三龛写记，深刻骄千古。岩廊寂寂，白云定自来去。

台城路 嵩山客馆见瓶中杜鹃花有感

与花了不相干事，何曾南鸟啼北。一触离人，刺来心坎，都是愁苞恨叶。铁梁峰峻，问甚底、山僧偷折。明日夕阳，应散猩红口中血。

天涯何处洒泪，只亭亭倩影，梦难抛撇。剩粉零香，遗簪废履，可是恁般凄绝。不如归去，镇日价、对无言说。便作催归，怎安排华发。

沁园春 访古连昌宫，午饭三乡古驿

绮岫兰峰，东接连昌，唐宫地存。剩森森竹玉，偏围佛殿；荒荒花绣，还绕僧园。草径狐嗥，麦坡鹿走，说着兴亡听也烦。太平曲，甚白头宫女，来唱开元。

三乡驿在西村，李弄玉题诗壁少痕。只蹇驴薄笨，前溪愁涉；芦帘土锉，恶酒难温。夕照由他，白云引我，女儿双鬟秀到门。崤南道，这一番参订，不负前人。余修《永宁志》，考正崤南古道为隋唐入长安通衢，由绣岭而绮岫、兰峰、连昌、福昌诸离宫在焉，以证魏武帝所开北道为崤正路之误。三乡女子，隐名李弄玉，题壁诗见《全唐诗》。

迈陂塘 题宜阳席松坡少尹二小照（二首）

记扁舟、访人胥口，笠湖六月如拭。荷花万顷铺红锦，遥衬莫厘螺碧。开图帙，谁貌出、骚人标韵仙裳色。鸥莎鹭荻。看蠲纸含蕤，生绡滑笏，柳影也堪识。

双松底，画诺余闲仍昔。天随床灶携得。锦屏可似包山秀，也有小池凝壁。豪吟剧，且莫忆、兰桡摇入鸳鸯宅。人生聊适。便滴粉倾觞，拗香和墨，续写爱莲册。爱莲图

卷中人、须眉落落，相兼吏隐如此。一竿不学严陵叟，濠濮抒情而已。乘除理，纵汉殿金貂，输却羊裘美。先生倦矣。早煦沫偕忘，饵芳不设，来去总堪喜。

五湖梦，各在渔庄画里。青蓑绿笠抛委。秋风只有鲈鱼好，那羡伊鲂洛鲤。归舟舣，更稳结乌篷，放浪随烟水。来寻甪里。待橘熟捞虾，橙肥剥蟹，醉倒小汀尾。垂钓图

沁园春

汜水城内有高台，俗号祖师庙。考班史，即汉高祖所筑成皋台，召幸薄太后处。

血战方殷，底事成皋，匆匆筑台。想敖仓已据，登临指顾；太行未塞，遥望徘徊。龙种将成，娥眉不妒，应有苍龙据腹来。炎精振，是天生隆准，那用郊禖。

孤标直耸城隈，裹薜荔斜阳古翠堆。眺黄河汹涌，风云犹壮；武牢娟秀，粉黛如开。铁鼎霏香，丹宫洗雨，汉帝祠名署也该。稽班史，笑荒唐神号，长翳尘埃。

凤凰台上忆吹箫　中秋洛城对月，闻隔邻演剧作

那岁中秋，多情冰驭，不随人在天涯。怎中原今夕，愁满银槎。长记未圆时节，帘犀揭、同玩庭花。摇杯影，云鬟湿翠，玉臂笼纱。

谁家，霓裳斗彩，伴桦烛，十分浓映筝琶。总如尘如梦，劫历僧迦。也作拭干红泪，倚虚幌、坐到轮斜。无聊醉，狂歌大叫，那管栖鸦。

满庭芳 吴橡村以菩提纱册见赠

宝干琉璃，香丝璎珞，谁教移向诃林。一花卢祖，叶叶发浓阴。采去清泉沤久，罗囊漉、叠雪光深。天孙手，轻容蝉翅，原不上机纴。

岂是鲛人赠，付灯帷帽笠，抛掷难禁。合册装，词客賵锦题金。房相译经旧地，笺传到、忏以清吟。维摩室，天风海色，佛鸟应来寻。

水调歌头

吴城徐碧塘司马新修望湖亭，余过豫章索题册首。

今日白头客，重上望湖亭。亭中诗笺满壁，亭下酒痕馨。依旧鄱湖万顷，不断匡庐九叠，新为使君青。山水与收拾，文字有精灵。

樵橹地，戈砮迹，久荒零。隐囊欹器，宾佐橐笔尽豪英。伐鼓令公祠下，吹笛仙娥洲畔，时见露车停。试鼓冰弦唱，定有老龙听。

永遇乐 附城镇题壁

贺六军台，周阳五寨，何处凝盼。堑筑蜒蚰，塞连鸡鹿，久被冲飙断。捣虚挤响，堙泉刊木，枉自挚谋阴算。且请看、长平戈镞，沉沙磨雨都烂。

黄榆白草，荒烽哀角，空付寒鸦孤雁。一盏浊醪，千堆土绣，甚英雄浇遍。太行作弄，八陉云树，只有兴亡难管。引羁客、斜阳瘦马，几回浩叹。

多丽　与吴钩烟夜饮，听纵谈出塞往事

话生平，对酒敲残璚玦。白登台、黄沙打面，几番跃马鸣镝。最纵横、靴刀帓首，许谈兵、幕府长揖。紫雁衔芦，明驼圞草，龙堆西望，阵云一色。问何人、筹边余智，囊底尚腾掷。笑当日，短衣射虎，不算豪杰。

已拚是、千金散尽，从军旧事休忆。好清秋、八陉烟静，处处鞲韄挂城壁。壮士无成，参军已老，何须磨盾草长檄。小斋内、铜琵铁拨，狂舞也同昔。况今夜，挑灯看剑，我亦头白。

水调歌头　白生德一为余作少室春云图

左采金鹅蕊，右挈紫蒲茸。问余来从何处，少室最高峰。曾踏莲花九顶，曾入天门，四扇窗坐铁楞中。请看赤筇杖，尚带湿云浓。

二米法，谁泼墨，写空蒙。非关面壁，只见乱插翠芙蓉。缭绕飞泉古树，点缀归僧孤鸟，飞出一声钟。只恐丹丘子，笑煞老衰翁。

洞仙歌

石淙后有土谷神祠，祀唐武后，传云是三阳宫旧地。

棠梨花冷，覆金轮遗宇，土谷神荒少巫女。甚雌凰迷雀，狂蝶憨莺，九龙水，洗尽了明珰翠羽。

石淙开绣地，岂有精灵，尚伴妖狐此间踞。只好憩吾曹，山色溪声，借一霎、浓阴占取。更待拓南北两崖碑，莫学乾陵，报人风雨。

水调歌头　书吕寸田刘十一娘传后

昵昵儿女语，恩怨自分明。为甚垂杨白马，仓卒认深情。不肯桃根桃叶，也有莲花莲子，风打断头萍。千古负心汉，岂独陇西生。

娉婷市，胭脂巷，恨飘零。秋坟鬼唱，感激墨洒草回青。君是黄衫豪客，匕首囊中不利，借笔作诛黥。我读弃妇什，忽忽泪同倾。

祝英台近　阎朱二生迎饮城东古寺

流觞亭，醒酒石，此日寻何在。剩得精蓝，不是汉唐代。且输他密树穿莺，疏花招蝶，算一霎、翛然尘外。

吟樽快，那管大道洛阳，日日轰车盖。黄发瞿昙，扫石久相待。饱行厨河鲤脂肥，钢榴颗赤，看少室、淡云微霭。

玉女摇仙佩

同刘淑庵太守访少姨庙旧地，遂拓汉石阙铭以归。

少姨号艳，开母名奇，诞矣随巢子记。废庙荆榛，荒台瓦砾，犹占青山旖旎。不隔长溪水。说往来姊后，芸旗翠旎。笑词客、几时入梦，真有宝冠缥缈珠履。微闻佩环声，化作归云，玉黄峡里。

曾把盈川文读，绮语徽称，借证虞妃蒋妹。杨氏诸姨，武家群戚，定自夸他盛事。访古同过此，爰骀宕、微雨桃花天气。只汉阙、嶙峋双矗，龙鳞蚀绣，螭斑剥紫。延光字，携归拓本充巾笥。入梦事，见元遗山《少姨庙题壁诗》。《石阙铭》，汉哀帝元光二年刻，与启母石阙东西相望。

满庭芳

大梁小肆见宝啬斋残酒器，怅然有作。

残器徒收，古欢慢列，帘尘拂拭堪惊。玳筵散后，池馆久飘零。任是鸡钢卵幕，付锄侩、谁读觥铭。浑如梦，白头宾客，来识景山铛。

记新词挥就，流霞满酌，红袖教擎。也锦函檀椟，藏弆深心。说甚瓦全玉碎，云烟劫、愁到而今。西州泪，欲浇何处，且洒向孤灯。

宝鼎现

汴城纸鸢，会同方荣川、季檀波作。

清明来也，雨洗芳草，桃花铺腻。踵宋迹、少年裙屐，千百风鸢趁华会。彩线响、仰鸾翎凤翼，晴旭扬空成绮。把十日、金明艮岳，艳了痴狐饥鬼。

满郭宝马钿车至，斗蝉钗、光闪珠翠。摩毂角、喧争甚事，玉手搴帘呼姊妹。莲步蹴、又浓妆联队，溢路香尘不起。尽嬉游、蝶引蜂招，但嘱斜阳缓坠。

几处曲唱闹蛾，似听是、康陵遗制。笑千年，纵有铜仙，问谁流泪水。到此日、红围锦簇，举国还如醉。只吾曹、小挈烧香，共坐信陵祠地。纸鸢会，见《东京梦华录》，即清明上河遗事也。

望湘人　湘舟晓望感旧

记金沙耀箔，明镜转帆，岳容湘色如拭。髻挽遥螺，眉凝浅黛，茶点冰瓯新碧。杜若霏香，红兰泛艳，围笺催拍。到如今、云树江城，触处都成怜惜。

空有烟岚旖旎。叹凌波一去，杳无消息。听数点冰弦，仿佛旧弹瑶瑟。西风叵耐，被他吹散，弥望蓼霞芦雪。只剩着、淡月半轮，照我萧萧头白。

念奴娇 鸳鸯

竹弓谁射，没来由、交颈花丛惊散。怎料风亭烟槛外，新把锦云机剪。荷盖深藏，蒲莎对浴，那受西风管。翠裾双影，白蘋穿处行缓。

一带春水银塘，夕阳不隔，来往嬉相伴。越女红妆空作妒，饶得采菱人看。梦惹香茵，欢怜文绮，绕去罗裙惯。便抛莲子，分飞犹自回盼。

金菊对芙蓉 客馆灯下看瓶中芙蓉影

云缛仙裳，霞妆明镜，怜他弄态荒江。唤奚僮小摘，插倚纱窗。锦窠不怕游蜂妒，影亭亭、艳闪银釭。较量黄菊，环肥燕瘦，谁肯相降。

映我酡后衰庞。洒乌巾红露，起舞双双。胜岩霜浦月，独立幢幢。莫将鸳帐教潜绘，引梦儿、飞入游艭。谢公堤畔，萧姑祠下，瑶笛金釭。宋人芙蓉诗“夹径花枝欺我老，竟将红露洒乌巾”。孟后主以芙蓉花染绘为帐，号芙蓉帐。

菩萨蛮 别意

蒲帆又展西风幅，月明人倚阑干角。难别是中年，回头看更怜。

长贫愁去住，都为文章误。珍重到归时，柔情细诉伊。

以上卷二

以上《陶园诗余》，嘉庆二十一年（1816）长沙刻本。